国宏智库青年丛书

养老服务最后一公里

中国居家养老服务的理论与实践

纪竞垚 ◎ 著

中国社会科学出版社

图书在版编目（CIP）数据

养老服务最后一公里：中国居家养老服务的理论与实践／纪竞垚著 .—北京：中国社会科学出版社，2021.10（2023.3 重印）
（国宏智库青年丛书）
ISBN 978-7-5203-7874-1

Ⅰ.①养… Ⅱ.①纪… Ⅲ.①养老—社会服务—研究—中国 Ⅳ.① D669.6

中国版本图书馆 CIP 数据核字（2021）第 022815 号

出 版 人	赵剑英
责任编辑	喻 苗
责任校对	任晓晓
责任印制	王 超

出　　版	中国社会科学出版社
社　　址	北京鼓楼西大街甲 158 号
邮　　编	100720
网　　址	http://www.csspw.cn
发 行 部	010-84083685
门 市 部	010-84029450
经　　销	新华书店及其他书店
印　　刷	北京明恒达印务有限公司
装　　订	廊坊市广阳区广增装订厂
版　　次	2021 年 10 月第 1 版
印　　次	2023 年 3 月第 2 次印刷
开　　本	710×1000　1/16
印　　张	12
字　　数	181 千字
定　　价	66.00 元

凡购买中国社会科学出版社图书，如有质量问题请与本社营销中心联系调换
电话：010-84083683
版权所有　侵权必究

前言

党的十九大报告指出,要坚持以人民为中心的发展思想,提高人民群众的获得感、幸福感和安全感;党的十九届四中全会进一步明确要增进人民福祉、促进人的全面发展。养老服务作为保障和改善民生的重要举措,其"最后一公里"是影响老年群体生活质量和获得感的最大变数。

长期以来,家庭养老作为我国老年人最主要的养老方式,无论是经济供养、生活照料还是精神慰藉等方面大都依靠家庭成员。然而,随着工业化、城市化带来社会的现代化转型,家庭结构的变迁、人口出生率和结婚率的降低、子女外出流动、妇女在有酬劳动力市场上就业率的提高等多种因素叠加都对家庭养老的支持能力提出了极大的挑战,使得家庭养老特别是家庭照料功能日渐式微。受中国传统文化的影响,大多数老年人仍习惯于在熟悉的家庭或社区内养老,入住养老机构往往是迫不得已的选择。而以往我们将更多的关注点放在机构养老服务上,甚至很长一段时间内,机构养老与家庭养老作为"非黑即白"的两种对立养老方式。居家养老服务作为影响养老服务"最后一公里"的最重要的服务方式被忽视。直到近年来,随着我国逐渐从单纯以家庭成员作为养老主体开始向注重社会力量发展居家养老服务转变,特别是近年来居家养老服务相关内容在关于养老服务的政策文件中频繁出现,居家养老服务越来越受到社会各界的重视,并基于此,以期走出一条具有中国特色的积极应对人口老龄化之路。

事实上,居家养老服务对于中国而言仍然是一种新兴事物,特别是在新时代面临新的经济发展方式、面临新旧动能转换的环境之下，如何能够使居家养老服务切实满足老年群体的真实需求，提高老年人群及其家庭成员的获得感、幸福感和安全感仍然在探索，各地也在结合自身发展条件摸索本土化的实践经验。

本书着重对我国居家养老的理论与实践进行探讨。在理论层面重点厘清以下几个问题：一是居家养老是什么？二是为什么在我国传统的养儿防老文化下会产生居家养老服务？三是我国居家养老服务政策发展走过怎样的历程？四是从理论上看，居家养老服务会带来什么样的结果，会否减轻家庭养老压力，会否提高老年人的生活质量？在实践层面，作者沿着"现状—问题—对策"的思路行文。首先对现阶段我国居家养老服务的内容及模式探索进行讨论，以期展现形式多样、内容丰富、模式创新的中国特色居家养老服务。其次讨论我国居家养老服务在实践过程中面临的主要问题。当然，这些问题是带有时代特征的，随着经济社会和科技发展，居家养老服务面临的问题也将随之发生变化。本书在最后亦探究了补齐居家养老服务"最后一公里"的对策建议。

诚然，受制于研究能力和经验的限制，本书对居家养老服务的分析仍然存在一些不足，研究视角需要进一步拓展至市场企业等产业领域，对问题的分析和把握需要进一步精准凝练等，这也是作者今后努力的方向。

最后，感谢中国宏观经济研究院和中国人民大学的各位领导、师友对本书的大力支持，本书也受到国家社会科学基金项目"居家养老视域下正式照料对家庭照料的影响及政策创新研究"（项目号 20CRK015）支持，表示衷心的感谢！

纪竞垚

2020 年 5 月 17 日

目 录
Contents

◆ 理论篇 ◆

第一章 什么是居家养老服务 // 3
 第一节　居家养老服务的内涵 // 3
 第二节　机构养老服务、社区养老服务与居家养老服务 // 10

第二章 居家养老服务何以产生 // 14
 第一节　国际：从社区照顾到居家养老 // 14
 第二节　国内：从家庭养老到居家养老 // 16
 第三节　我国老年人养老观念的变迁 // 18

第三章 居家养老服务的政策沿革 // 28
 第一节　萌芽期：1983—1999 年 // 28
 第二节　形成期：2000—2011 年 // 30
 第三节　发展期：2012 年至今 // 34

第四章 居家养老服务的效益分析 // 51
 第一节　居家养老服务的质量分析 // 52
 第二节　社会化照料服务对家庭养老的影响 // 54
 第三节　居家养老服务对老年人生活质量的影响 // 70

◆ **实践篇** ◆

第五章　居家养老服务的地方探索与实践　// 89

第一节　加强居家养老服务设施建设 // 89
第二节　丰富居家养老服务内容 // 93
第三节　拓展居家养老服务方式 // 105
第四节　强化居家养老服务人才培养 // 111

第六章　居家养老服务面临的现实困境　// 116

第一节　居家养老服务五大政策落地难题 // 116
第二节　居家照料服务买不到、买不起、买不安 // 123
第三节　家庭医生缘何"有签约，无服务" // 130
第四节　应警惕"互联网+养老"服务"空心化"风险 // 132
第五节　农村居家养老服务面临短板 // 138

第七章　着力补齐居家养老服务"最后一公里"　// 145

第一节　精准评估，打通供需不匹配 // 146
第二节　充分发挥街乡社区在居家养老服务中的作用 // 148
第三节　全方位提高居家养老服务质量 // 150

附件1　关于居家养老服务框架性政策梳理 // 153

附件2　全国居家和社区养老服务改革试点地区汇总 // 166

附件3　我国老年临终关怀政策：回顾与前瞻 // 172

参考文献 // 179

后记 // 186

理论篇
LILUNPIAN

第一章
什么是居家养老服务

什么是居家养老？什么是居家养老服务？谁来提供居家养老服务？提供什么服务？居家养老服务与机构养老服务和社区养老服务有何区别？本章主要从理论层面厘清居家养老服务的内涵，阐释居家养老服务与机构及社区养老服务的关系。

第一节 居家养老服务的内涵

居家养老是以家庭为基础，政府主导，依托城乡社区、企业、社会组织等提供专业化的服务，来满足居住在家的老年人社会化服务需求的养老模式（楼妍、许虹，2017）。居家养老是一种养老方式，而居家养老服务（Home-based Service）则是为实现居家养老方式而提供的关键条件（石琤，2018），其更强调服务形式和内容。

虽然目前国内尚无统一的关于居家养老服务概念的界定，多在各地方政府文件中对居家养老服务的含义进行界定，但总体来看，各地文件中对居家养老服务的组成要素内容的界定大致相当。例如，《河北省居家养老服务条例》与《杭州市居家养老服务条例》将居家养老服务界定为"在政府主导下，以家庭为基础，以社区（村）为依托，以社会保障制度为支撑，由政府提供基本公共服务，企业事业单位、社会组织提供专业化服务，居（村）民委员会和志愿者提供公益互助服务，满足居住在家的老年人社会化服务需求的养老服务模式"；《沈阳市居家养老服务条例》中界定为"为满足老年人居家养老基本需求，以政府为主导，由政府及其有关部门、企业事业单位、基层群众性自治组织、社会组织和个人协助家庭，提供的社会服务"；《宁波市居家养老服务条例》界定为"以家庭为基础，以城乡社区为依托，由政府提供基本公共服务，企业和社会组织提供专业化服务，基层群众性自治组织和志愿者提供公益和互助服务，为居住在家的老年人提供的养老服务"。通过上述文件中对居家养老服务含义的分析，本书着重从居家养老服务的对象、服务供给主体、服务内容和服务的属性与特征四个维度刻画居家养老服务的内涵。

一 居家养老服务的对象

居家养老服务的对象主要是年满60周岁、居住在家内的老年人，也有研究将居住在"家"内扩展为居住在社区内。从政府职能角度看，重点包括60岁及以上家庭经济困难、失能、残疾、失独、失智、独居等特殊困难老年群体。在实际服务过程中，根据服务主体、服务内容的不同，服务对象侧重点有所差异，依据服务对象的居家养老服务需求，为其提供多层次、多样化、个性化的服务。

从政府角度来看，目前也有地区将养老服务的对象扩大为老年人、残疾人和困境儿童，以加强"老残儿一体化"服务体系的建设，也有研究者提出以60岁作为老年人的年龄划分依据已经无法适应现阶段的发展实际，等等，但本书立足目前我国居家养老服务发展现状，主要聚焦于为老服务，即将居家养老服务的对象聚焦于60岁及以上的老年人群。

二 居家养老服务的供给主体

居家养老服务的供给主体主要包括政府、市场、社会和家庭等多元主体。政府主体主要包括各级政府部门及街道乡镇，广义上也包括具有政府色彩自治性质的城乡社区。市场主体主要包括养老服务企业、个人等以市场化的形式提供服务的主体，具有一定营利性。社会主体主要包括社会企业、公益性社会组织、志愿者、邻居等提供不以营利为主要目的的社会性服务。家庭主体为与老年人具有情感联系或孝道责任的家庭成员。

在不同历史时期，各居家养老服务供给主体扮演的角色有所差异。在计划经济时期，为将"一盘散沙组织起来"搞建设，克服旧中国散漫无组织的状态实行了单位制。此时政府扮演着"大家长式"角色，以单位为基础的从业人员治理体制，以街居为基础的城市社会人员治理体制，和以单位制度、户籍制度、职业身份制度和档案制度为基础的社会流动治理体制使得"从摇篮到坟墓"的大多数社会公共服务由政府或单位提供，养老服务亦不例外，政府是大多数城市地区养老服务的投资者、供给者，而农村养老服务则大部分由家庭成员提供。改革开放以后，社会治理机制发生了深刻变革，社会成员工作和居住不再固定在相对封闭、稳定的空间中，绝大多数城镇从业人员从"单位人"变为"社会人"，伴随着社会保障、医疗服务、养老服务等制度性改革，政府逐渐从养老服务的直接提供者角色慢慢淡出，开始通过政府购买服务等方式鼓励社会力量参与养老服务，特别是发挥市场和社会主体功能，明确市场在资源配置中的决定性作用，此时政府在居家养老服务中更多地扮演使用者、监管者角色，而市场和社会主体则更多地直接提供居家养老服务。但鉴于养老服务具有一定的公共服务属性，一些关于居家养老服务设施建设（如适老化改造、智慧化平台建设等）仍需要政府投资，采取社会化方式运营。与此同时，家庭也开始从服务的直接供给者变为服务购买和使用者。

有研究者指出，目前我国居家养老服务供给主要包括六种运作方式，这六种运作方式涵盖了政府、市场、社会与家庭多元主体共同合作提供服务。一是政府主办，街道（乡镇）、社区（村）组织队伍承接具体服务。由街道（乡镇）或社区居委会/村委会提供土地、房屋，地方基层政府运用财政资金和自筹资金扶持社区居家养老服务，区街居建立相应的管理机构，聘用公益性岗位人员为老年人提供社区居家养老服务。二是由养老机构承接居家养老服务，即养老机构辐射居家养老服务。政府委托养老机构，利用养老机构提供的场地，雇用工作人员，通过建立日间照料中心，社区服务站（点）等方式，为老年人提供居家养老服务。三是政府委托社会组织承接服务。政府提供场地和社区服务设施，选择从事为老服务的社会组织或企业运营开展养老服务。四是政府出资向企业购买服务。政府把居家和社区养老服务券（卡）或补贴资金直接发给烈军属老人、"三无"对象和城市特困群体，由这些群体向社会组织和企业购买自己所需要的居家养老服务。五是邻里互助开展"一对一"养老服务。北京、浙江、江苏、甘肃等地整合协调社会资源，通过企业和社会组织，在社区构建"虚拟养老院"。随着非营利组织增多，更多地方逐渐把居家和社区养老服务交给社会组织承接。六是"城企联动普惠养老"方式。城市政府和企业双方签订合作协议，支持社会力量参与养老服务；城市政府提供土地、规划、融资、财税、医养结合、人才等一揽子政策支持包；企业按约定承担公益，提供普惠性养老服务包，向社会公开，接受监督（成海军，2019）。需要指出的是，由国家发展改革委牵头印发的《城企联动普惠养老专项行动实施方案（试行）》不仅仅针对机构养老服务，也包括居家养老服务，特别强调发展集中管理运营的社区嵌入式、分布式、小型化、连锁化的养老服务设施和带护理型床位的日间照料中心，增加家庭服务功能模块，强化助餐、助洁、助行、助浴、助医等服务能力，夯实居家社区养老服务网络，增强养老服务网络的覆盖面和服务能力。

近年来，在居家养老服务供给主体权责认定上，更强调政府、市场、社会和家庭各供给主体职能边界的划分，且在理论上趋于共识。一是，政府在居家养老服务中大多承担兜底和主导责任。政府通过提供基本养老服务满足特殊困难老年群体的居家养老服务需求，起到兜底责任。同时，通过相关政策嫁接桥梁，引导市场与社会主体为老年人提供便捷高效的居家养老服务。通过老年人能力评估了解老年人服务需求。通过加大监管力度营造公平亲清的营商环境，为市场和社会主体提供公平竞争和法治保障的平台。通过培养、培训居家养老服务专业化人才，为居家养老服务业提供支撑和动力。二是，市场主体为居家老年人提供养老服务和产品，满足居家老年人个性化、多样化的居家养老服务需求。通过研发居家养老服务产品,提高养老服务效率和质量,探索可持续、可复制的商业模式,利用政府购买、服务外包、特许经营、政策优惠等条件实现居家养老服务企业规模化、连锁化、品牌化运营。三是,社会主体作为居家养老服务的重要参与者,与政府和市场主体一道共同解决养老服务问题。社会组织具有一定的灵活性,更能够及时、就近地满足老年人的居家养老服务需求,通过扎根社区、贴近百姓,有利于增强老年群体的认同感,同时注重发挥以社区为平台、社会组织为载体、社会工作者为支撑的"三社联动"机制作用。四是,家庭依旧是居家养老服务的基础。发展社会化的居家养老服务并不意味着家庭不需要提供养老服务,相反,家庭在居家养老服务中更多的责任体现在日常生活照顾、精神慰藉以及经济支持方面,居家养老服务的介入在一定程度上减轻了家庭成员的负担,同时也提高了家庭养老的专业化水平。

三 居家养老服务的内容

居家养老服务内容涉及为居住在家的老年人提供满足其需求的各类服务,聚焦老年人群特点和刚性需求,根据目前各地提供的居家养老服务主要内容,大体包括生活照料服务、医疗卫生服务、精神慰藉服务、身心健康服务、法律咨询和发展援助服务。

一是生活照料服务。如助餐、助浴、助洁、助行、助医、日间照料、短期托养、代购代缴等服务。

二是医疗卫生服务。如保健指导、健康体检、医疗康复和护理、家庭病床、临终关怀等服务。

三是精神慰藉服务。如情绪疏导、心理咨询、关怀访视等服务。

四是身心健康服务。如文化娱乐、教育培训、体育健身、休闲养生等服务。

五是法律咨询和法律援助服务。如法律咨询、法律援助、识骗防骗宣传教育、公证、人民调解等服务。

诚然,各地结合地方实际不断探索居家养老服务,居家养老服务内容不是一成不变的,而是随着经济社会发展在动态更新与调整的。以北京市和广州市居家养老服务内容为例,北京市居家养老服务的内容较为多元,主要包括文化娱乐、精神慰藉、家政服务、日间照料、紧急呼救、家庭护理、医疗卫生及用餐服务,且每项服务下包括各类服务细项(图1-1)。广州市居家养老服务进一步加入了临终关怀的内容(图1-2),本书也对我国老年临终关怀①的政策进行了梳理,具体内容详见附件。当然,有一些服务是否属于居家养老服务仍有待进一步讨论。例如家政服务作为重要的生活性服务业是否属于居家养老服务的范畴仍有待商榷,如若居家养老服务的范畴划定过大,一方面影响政府补贴范围,另一方面也影响着服务专业化程度的提升;如果居家养老服务范畴的设定过小,则不利于满足居家老年人的生活需求。

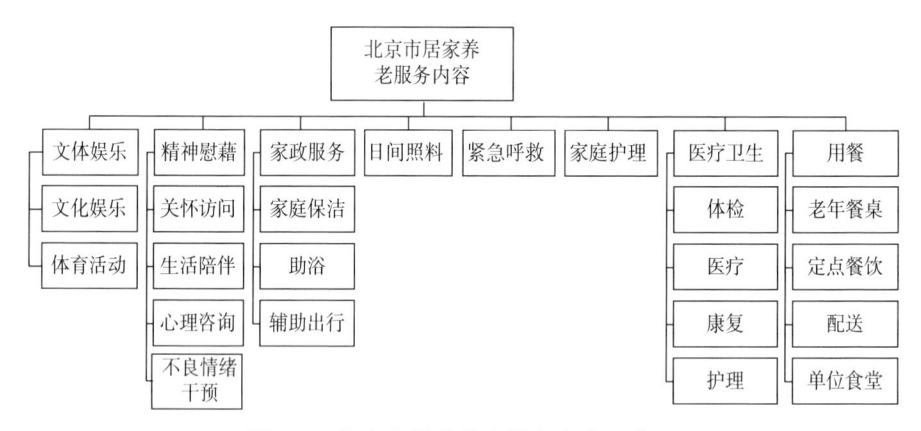

图1-1 北京市居家养老服务内容示意图

资料来源:成海军:《我国居家和社区养老服务发展分析与未来展望》,《新视野》2019年8月。

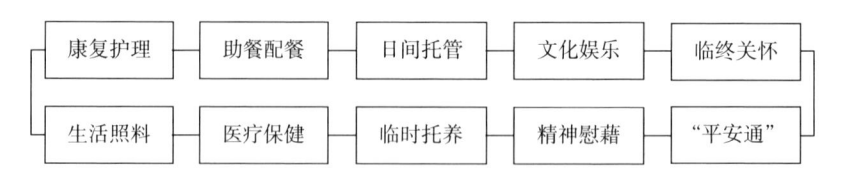

图1-2 广州市居家养老服务内容示意图

资料来源:广州市民政局:《社区居家养老服务管理办法(修订征求意见稿)》,2020年4月。

---

① 临终关怀:目前国内大多数政策文件将"临终关怀"服务表述为"安宁疗护"。

四 居家养老服务的属性与特征

居家养老服务具有养老服务的社会属性和经济属性双重属性。一方面，基本养老服务作为基本公共服务的一部分，具有基本公共服务的特征，即基础性、适应性和均等化。基础性是指基本公共服务都是满足民生基本需求的服务。公民都有享受基本公共服务的权利，提供基本公共服务是政府的职责。适应性是指基本公共服务的服务水平要与社会经济发展水平相适应，既不能滞后，也不能超前。服务的提供手段和方法要与基础设施建设、科学技术进步相适应。均等化是指全体公民都能公平可及地获得大致均等的基本公共服务，其核心是促进机会均等，重点是保障人民群众得到基本公共服务的机会，而不是简单的平均化。享有基本公共服务是公民的基本权利，保障人人享有基本公共服务是政府的重要职责（董克用、魏娜，2018）。另一方面，养老服务具有经济属性，即在满足居家老年人群基本服务需求的基础上，提供个性化、多样化的服务，以满足不同老年群体的服务需求，一般具有付费性特征。与之相似的是，也有研究将居家养老服务的属性分为福利性和市场性两部分。福利性居家养老服务属于政府基本责任范畴，政府主要通过财政补贴或直接购买服务来履行责任。服务对象多为经济困难的独居、孤寡、高龄等特殊困难老年群体。市场性居家养老服务主要由市场主导，需要个人或其家庭直接在市场上购买所需服务（陈友华，2012）。

从上述服务对象、服务主体和服务内容来看，居家养老服务具体呈现以下特征：

一是服务对象的兜底性、普惠性。从服务对象覆盖范围来看，以往养老服务更多聚焦于特殊困难老年群体，特别是经济困难、失能残疾等老年人群，重点保障该类老年群体的基本生活需求。随着经济社会发展，社会养老服务体系不断健全，居家养老服务对象也逐渐从少数特殊困难老年群体向大多数老年群体转变，更加强调居家养老服务的普惠性，强调服务供给人人共享和公平可及。

二是服务主体的多元性、协同性。居家养老服务主体涵盖政府、市场、社会、家庭等多层次主体，这些服务供给主体并不是独立分割的，而是协同共生的关系。在我国，居家养老服务通常以政府为主导，以家庭为基础，发挥市场组织、非营利组织、社区组织和民间团体的积极作用，共同为居家老年人提供多元化服务，以满足老年群体多样化的服务需求（黄石松，2020）。

三是服务内容的多样性、综合性。对于居家养老服务而言，虽然上文列出了诸多类别的居家养老服务，但每类服务并不是互相割裂的，而是相辅相成的。例如，老年临终关怀服务作为生命末期缓解病痛、提高生命质量的照护服务，其不以延长临终病人生命为目的，而以减轻临终病人的身心痛苦，满足病人自身需要，维护临终病人的尊严，同时给予病人家属精神上的支持，使其坦然地接受事实（Shaw et al., 2007）为目标，也就是说临终关怀不强调"治疗"（cure），而强调对于临终者身心灵等方面的"照护"（care）。该类服务既包括医疗卫生服务，也涵盖精神慰藉服务，同时也对病人家属进行悲伤辅导，增进病人及家属的身心健康，很难将其列入哪一类服务。因此，居家养老服务具有整合、连续化的综合性特征。

综上所述，居家养老服务主要满足两个条件：一是老年人居住在家里（或社区内），二是其（部分）养老服务由社会、社区等社会化资源提供，服务对象是居家老年人。本书则将居家养老服务界定为"政府和社会力量以家庭为基础，依托社区，为居住在家的老年人提供日常生活照料服务、医疗卫生服务、精神慰藉服务、身心健康服务、法律咨询和法律援助服务等的一种养老服务形式"。

第二节　机构养老服务、社区养老服务与居家养老服务

在诸多养老方式中，机构养老、社区养老和居家养老是目前主要的养老方式，当然还有一些共享式、抱团式等因市场和社会的变化应

运而生的各种养老方式，以及信息化社会带来的新兴养老服务提供方式。多种养老方式带来不同类型的养老服务，学界重点分析了机构养老服务、居家养老服务和社区养老服务的区别与联系。

机构养老服务、社区养老服务和居家养老服务主要是从服务场地来区分的。机构养老服务是为居住在养老机构内的老年人提供的服务。养老机构是为老年人提供集中居住和照料服务的养老服务设施，包括养老院、福利院、敬老院、养老照料中心等。养老院（又命名为老年家园、康护中心、老年人服务中心、休养所、光荣院、残保中心等）多为健康老年人或失能失智老年人提供养老服务。福利院通常是国家出资举办并管理的综合接待"三无"老年人的养老服务设施，多为公办性质。敬老院多设置在乡镇、村，为"三无""五保"老年人以及其他老年人提供养老服务。养老照料中心兼具机构、社区、居家养老服务功能，一方面为居住在照料中心内的老年人提供机构式养老服务，另一方面依托社区为居家老年人辐射养老服务。

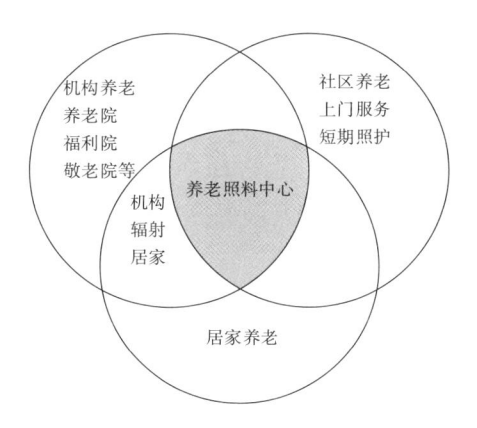

图1-3 机构、社区、居家养老服务关系图

注：笔者自行整理。

社区养老服务是为老年人提供日间照料或短期、集中照护服务。通常而言，社区养老服务主要包括两类，一是为社区老年人提供短期托养、日间照料、长期入住服务，类似嵌入式、小规模养老机构。二是为社区内居家老年人提供辐射服务，即居家养老服务。而养老照料中心则兼具机构养老服务和社区养老服务的特征，同时避免一些养老服务机构因床位紧张、地区偏远而造成无法就近就便提供服务的状况。

居家养老服务则将关注点聚焦于居住在家内的老年人，从服务场地来看，居家养老服务是老年人散居在各自的家庭或社区之中，在熟悉的环境中接受个性化的养老服务。

在实践中，居家养老服务与机构养老服务因老年人居住地点的区别而较为容易区分，但居家养老服务和社区养老服务存在交叉重叠，较难区分。关键在于对"家"的理解有所差异。如果将"家"只理解为狭义层面的家庭内，将社区理解为家庭以外的居住空间，那么居家养老服务与社区养老服务的差别在于养老地点是家内还是家外。然而，如果将"家"理解为更广义层面的家庭和社区，则居家养老和社区养老较难区分，所以，近年来在很多政策和文献中运用了"居家社区养老"或者"社区居家养老"的概念。因而，一味地严格区分社区养老服务与居家养老服务在养老服务实践中意义并不大，甚至有一些文献直接将"社区居家养老"称为"居家养老"。

与此同时，在党的十九届四中全会通过的《中共中央关于坚持和完善中国特色社会主义制度、推进国家治理体系和治理能力现代化若干重大问题的决定》中明确提出"加快建设居家社区机构相协调、医养康养相结合的养老服务体系"，不再强调区分社区养老与居家养老，而是将居家、社区和机构三种养老服务有机协调，共同为老年人提供整合、连续的养老服务。打破机构、社区、居家三者分割具有重要的意涵，更符合我国老年人养老服务需求实际。以往在政策导向上对机构养老服务的规范化发展、养老机构服务质量提升等方面进行了诸多制度安排，但对于中国老年人而言，入住养老机构往往是迫不得已的选择，特别是农村地区，很多老年人将入住养老机构视为子女不孝。与此同时，现阶段很多养老机构收费相对较高，超出了很多老年人的支付能力。但老年人一旦进入失能失智状态，子女亲属无法提供专业化的照料服务，且社区居家照料服务发展不成熟，入住养老机构或许成为失能失智老年人的必然选择。而打破机构与社区居家养老服务的区隔，一方面有利于打破养老机构围墙，让专业化的社会服务走入老年人家庭，让老年群体能够在熟悉的家庭或社区中享受高质量的照料服务；另一方面通过充分利用老年人自有住宅以减少老年人因养老机构"床位费"而造成的多余支出来减轻老年人及其家属的经济负担。

本章小结

本章主要介绍了我国居家养老服务的内涵及与机构养老服务和社区养老服务之间的关系。

1. 本书将居家养老服务界定为"政府和社会力量以家庭为基础，依托社区，为居住在家的老年人提供日常生活照料服务、医疗卫生服务、精神慰藉服务、身心健康服务、法律咨询和法律援助服务等的一种养老服务形式"。

2. 居家养老服务的对象主要是年满60周岁、居住在家或社区内的老年人。居家养老服务供给主体主要包括政府、市场、社会和家庭等多元主体。居家养老服务内容不断拓展，目前主要涉及生活照料服务、医疗卫生服务、精神慰藉服务、身心健康服务、法律咨询和法律援助服务。居家养老服务具有社会和经济双重属性。

3. 居家养老服务与机构养老服务和社区养老服务的关系。理论上，三者因养老地点不同而存在差异，但实践中，居家养老服务与机构养老服务因老年人居住地点的区别而较为容易区分，但居家养老服务和社区养老服务存在交叉重叠，较难区分，关键在于对"家"的理解有所差异。如果将"家"只理解为狭义层面的家庭内，将社区理解为家庭以外的居住空间，那么居家养老服务与社区养老服务的差别在于养老地点是家内还是家外。然而，如果将"家"理解为更广义层面的家庭和社区，则居家养老和社区养老较难区分，故"社区居家养老"或"居家社区养老"的概念开始出现在文献和政策文件中。自党的十九届四中全会提出"加快建设居家社区机构相协调、医养康养相结合的养老服务体系"，不再强调区分社区养老与居家养老，而是将居家、社区和机构三种养老服务有机协调，共同为老年人提供整合、连续的养老服务。

第二章

居家养老服务何以产生

国内外对于居家养老服务的产生过程存在较大差异。从国际上看，居家养老服务源于"反院舍化运动"后对"在地老化"的提倡，从"在社区照顾"过渡为"由社区照顾"。而国内的居家养老服务源于家庭照料，从供给侧看居家养老服务是对家庭照料的有力补充。与此同时，我国老年人的养老观念也发生着变化，从需求侧看，老年人的"养儿防老"观念在逐渐淡化，为居家养老服务的产生提供了可能。

本章重点梳理了居家养老服务的产生过程，从供给侧视角分析国际上从社区照顾到居家养老服务、国内从家庭养老到居家养老服务的发展历程，同时从需求侧视角利用调查数据进一步分析我国老年人养老观念的变迁。

第一节 国际：从社区照顾到居家养老

从国际上养老方式的变迁来看，逐渐从院舍照顾走向社区照顾，居家养老（aging in place）又称为"在地老化"，其概念源自于西方的社区照顾（community care）。社区照顾在20世纪40—50年代缘起于一些西方福利国家，是二战以后"反院舍化运动"的产物。院舍照顾即机构照顾，其认为，机构照顾不利于人的心理成长，容易导致居住在机构内人员的依赖性和社会性的丧失，具有非人性化的特征。《最好的告别》一书中便描述了彼时疗养院中的生活，其写道，入住疗养院后，

"她丧失了所有的隐私和控制力。大多数时候她穿着病号服。他们叫醒她她就起床，安排她洗澡她就洗澡，让她穿衣服她就穿衣服，叫她吃饭她就吃饭。她和院方安排的人住在一起。她有过好几个同屋，但是她们入住的时候院方都没有征求过她的意见。这些人都有认知障碍，有的很安静，也有的很闹腾，有一个人甚至吵得她整晚睡不着觉。她觉得像个犯人，仅仅因为老了就被投进了监狱"（葛文德，2019）。

为此，福利国家开始反思，这种随着"家"和"控制权"的失去是否符合人的生命和社会价值。随着"反院舍化运动"的兴起，人们越来越强调老了以后对生活的要求不能仅仅是安全，而是在人们衰老脆弱、不再有能力保护自己的时候，能够使生活存在价值，能够"正常化"地生活。与此同时，在20世纪四五十年代，福利国家本身也面临着困境，例如1946年英国出台的《国民健康服务法》以及1948年出台的《国民救助法》中明确规定，政府有责任为有需要的人提供居住性照顾，公民拥有享用国家提供健康服务和院舍照顾的权利。各国投入了大量资源，福利机构迅速增多，老年人可以免费或低偿入住。但是老年人口持续增加使得政府财政负担不断加重，在此背景下，福利国家开始强调服务资源和权力下放，强调服务分散化、民营化和社区化，社区照顾则在此背景下产生。

社区照顾率先在英国产生与发展。20世纪60年代，社区照顾成为英国的社会福利政策之一，运用非正式支持网络，联合正式服务及设施，由小型的、社区型的服务机构取代大型的养老机构，让有需要的人士在家里或社区熟悉的环境中得到照顾，过正常的生活，并与社区融合。英国政府发布的《白皮书》中提到，社区照顾是指为因年龄、精神疾病等身体或感官方面残疾需要住在家里或社区内的人提供的服务和支持。社区照顾服务对象不仅仅包括有照顾需要的老年群体，而是针对所有人群的政策体系，且更注重对服务对象的健康照顾。在六七十年代，社区照顾的导向是在社区照顾（care in the community），即不使被照顾者离开熟悉的社区，而是在本社区内对其进行生活照顾。到七八十年代，社区照顾开始走向由社区照顾（care by the community），即动员社区内的人力、物力资源，运用社区非正式支持系统进行照顾服务。到80年代，开始走向照顾混合经济。由此可见，社区照顾是随着西方福利国家福利思想的变化而发展的。在福利多元主义思想之下，社区照顾强调正式资源与非正式资源的结合，认为社区照顾应由政府、市场、社会、家庭以及个人共同承担。非正式照顾资源和正式照顾资源共同构成社区照顾的支持网络，通过充分发挥家人、朋友、邻居、社会组织等非正式照顾资源的积极性，再由社区正式照顾资源中的专业人员对非正式照顾提供必要的补充和支援，从而达到减少公共依赖、降低照料成本，进而增加老年人对服务的参与和选择机会，满足老年人的养老需求（仝利民，2004）。通过社区照顾的内涵可以发现，其具有居家养老的特征。一是强调在熟悉的家庭或社区内提供照顾服务而非在远离家庭和社区的机构内；二是照顾服务提供主体为多元主体，包括政府、市场、社会、家庭等，而非仅仅依靠社会化的服务，非正式支持在老年人照顾中扮演着重要角色。

需要指出的是，简单认为居家养老好于机构养老是一种迷思。居家养老与机构养老方式因老年人身体和精神健康状况、家庭经济状况、生活习惯等不同而适用性不同。例如，对于失智老年人而言，通过居家养老服务很难长期满足失智老年人专业化的照护需求，家庭内适老化改造不到位、对失智老年人引导不足很可能给老年人带来不利影响，同时因失智老年人常伴有焦躁、过激行为等特征，没有专业化的照护也可能给照护者带来伤害。而入住专业化的养老机构则更可能满足老年人专业化的照护需求，也在一定程度上减轻家庭成员的照护负担。因此，需要因具体情况而分析，重要的是，需考虑老年人的主观能动性，即尊重老年人的主观养老意愿，满足老年人个性化的养老需求。

第二节 国内：从家庭养老到居家养老

与国外居家养老源于社区照顾不同，我国居家养老方式源于中国传统养儿防老文化下的家庭养老。家庭养老是从养老服务供给主体维度进行界定的，主要指老年人的经济供养、生活照料、精神慰藉全部来自于家庭成员，养老场所亦在家庭。虽然现阶段家庭养老仍然是中国老年人主要的养老方式，但不可否认的是，家庭养老功能日渐式微，政府、市场、社会等多元主体提供的社会化的为老服务已经开始成为家庭养老的有力补充。

我国学界从20世纪90年代最早开始关注居家养老议题，认为居家养老之所以产生主要是因为随着家庭规模小型化、人口外出流动、妇女在有酬劳动力市场就业率的提高等逐渐削弱了家庭养老功能，而中国传统"养儿防老"的文化又使入住养老院大多成为迫不得已的选择，因此人们开始将社会化的养老服务介入家庭中，为居住在家的老年人提供服务。

关于居家养老方式，国内学者主要从三个维度进行论述。一是从服务供给维度看，认为居家养老是家庭养老和社会养老的有机结合。有学者认为，居家养老是家庭养老向社会养老的过渡，但两者之间不是简单的替代关系，而是随着经济社会的发展，家庭与社会这两大服务供给主体在养老服务中所承担的主次角色发生了换位，由原本以家庭支持为主的养老方式向以社会支持为主的养老方式转变。也有学者认为，居家养老只是局部社会化的养老方式，家庭仍然是老年人经济供养、生活照料和精神慰藉等资源供给的核心（陈赛权，2000）。二是从服务场地维度看，不区分居家养老与社区养老，将两者统称为"居家社区养老"或"社区居家养老"。将居家养老界定为"整合社区中各类养老资源，在社区内为老年人提供生活照料、健康保健、医疗护理、休闲娱乐、文化教育、法律咨询等服务"。也有学者认为居家养老是养老社区化，使老年人在自己熟悉的环境中实现养老。三是从服务供给和服务场地的混合角度看，可以将居家养老服务分为在社区提供服务和由社区提供服务（阎安，2007）。在社区提供服务是指老年人所享受的服务是在社区中完成，如休闲娱乐服务、日间照料服务或者短期托养服务等；由社区提供服务指的是社区作为服务平台，为居住在家的老人提供上门服务。

需要再次强调的是，居家养老与居家养老服务不同。居家养老是一种养老方式，是指在家中养老；而居家养老服务则是"居家养老"与"社会服务"的一种交叉组合形式（陈友华，2012）。总体来看，居家养老服务具有狭义和广义涵意。其中，狭义的居家养老服务仅指上门入户服务；广义的居家养老服务既包括入户服务也包括户外服务，居家养老服务是机构养老服务的一种延伸。

第三节 我国老年人养老观念的变迁

上述内容主要从服务供给侧论述了居家养老服务产生的根源。从国际上看，居家养老源于对院舍照顾的反思，从而产生"在社区照顾"与"由社区照顾"的方式，居家养老方式随之应运而生。从国内发展来看，居家养老源于我国长期以来的家庭养老方式以及近年来家庭养老功能的弱化，居家养老服务为家庭养老提供了有力补充。本节主要从需求侧运用全国性调查数据分析老年人自身养老观念的变迁以及居家养老的主观意愿。

自古以来，家庭养老是东方社会中最主要的养老模式，因其在传统社会养老中的基础性地位，有学者将其称为"亚洲方式"（张文范，1998）。随着人口老龄化的不断加剧以及经济社会的不断转型，家庭养老是一种正在被替代的、生命力不断下降的养老方式（姜向群，2007）。在此背景下政府和家庭共担的社会化养老模式受到政府和社会学界的青睐，大力优化社会化养老服务也成为我国应对人口老龄化的一项重要战略。我们知道，养老观念是养老模式的文化基础和思想根基，直接影响着人们的养老模式选择，因此，在我国养老模式发生剧烈变化的今天，有必要考察人们养老观念的发展变化情况，这对于我国推行社会化的居家养老服务新模式具有重要作用。

从已有研究来看，老年人选择哪种方式进行养老不仅体现了老年人的意愿，也更多地反映了家庭的养老决策，因此考察养老观念的变化既需要考察老年人的养老观念，也需要考察老年人家庭的养老观念。

学者们也从不同视角进行了研究：一是老年人自身对子女孝行观念的看法。2003年北京大学人口研究所/老年学研究所进行的"土地和养老保障"调查中发现"生病时照顾老人""不给父母增加负担""尽力给老人提供较好的生活条件"是子女孝行的三大表现，而过去非常看重的"事死"和"显亲"等传统观念比例相对较低（陈功，2009）。二是老年人对于"养儿防老"的看法。崔丽娟等（2000）在对上海市老年人进行调查时发现，老年人"养儿防老"的观念正在发生转变，且这一养老观念的转变与老年人的性别和文化程度无关；慈勤英等（2013）通过实证研究发现，儿子数量对父母老年生活状况无显著影响。三是老年人及其家人对于老年人"在哪养老"的看法。龙书芹、风笑天（2007）对江苏四城市老年居民的养老意愿进行调查发现，居家养老仍然是主要的养老方式，愿意进老年公寓、养老院等社会养老机构的占4.09%，未来居家养老的形式将更趋多样化。张文娟等（2014）以北京市西城区为例探究城市老年人的机构养老意愿，结果表明，居家养老仍旧是绝大多数老年人最理想的选择。不难看出，目前存在的问题在于，一是各学者对于家庭养老观念的理解以及该观念是否发生了变化还存在一定争议，二是当下中国传统的家庭养老观念现状是什么？随着时间的推移发生了怎样的变化。搞清楚这些问题有利于重新认识这一具有本土特色的养老模式，并加深对于我国养老服务体系的认识和思考。

不同学者对家庭养老（family support for the elderly）的理解不尽相同。穆光宗（2002）认为，人类社会存在三种基本的养老模式，即存在家庭养老的同时，还存在着社会养老和自我养老。若按照养老的经济来源来看，经济来源主要依靠家庭成员和其他亲属支持的就属于典型的"家庭养老"。而姚远（2001）整合家庭养老的亲情说、家庭说和方式说提出，家庭养老是由家庭成员承担养老责任的文化模式和运作方式的总称。它包括两个层次，即家庭养老模式和家庭养老方式。家庭养老模式是以血亲关系为基础和核心且由家庭成员承担责任的模式，是一种更高层次的融于文化的思想倾向，包括对于"孝顺"内涵的理解等；而家庭养老方式是家庭成员履行养老责任时的运作形式，是一种操作层面的具体方式，包括"谁来养老""在哪养老"等。本研究更倾向于后者对于家庭养老的阐释。

有学者将养老观念内化为对老年人及养老的看法、养老责任认知及养老内容与养老方式的选择。本研究中家庭养老观念则指对于家庭养老模式和家庭养老具体方式的观点、看法。具体而言，将对家庭养老模式的看法操作化为老年人对孝观念和子女孝行标准的看法；由于家庭养老的照料主体是家庭成员，因此在考察具体养老方式的观念时不仅要探究老年人对于"由谁来养老"和"在哪里养老"的看法，也要探究家庭成员对此问题的看法。

由上述可知，本研究将家庭养老观念划分成两部分，即对于家庭养老模式的看法与态度和对具体的家庭养老方式的看法与认识。

血亲价值论是一种用血亲价值观点阐释家庭代际关系的理论。血亲价值就是以血亲关系为基础并以实现血亲利益为其人生价值和调节代际关系准则的行为规范和心理定式（姚远，2001）。对血亲价值的思考离不开孝观念，孝是家庭养老的思想基础。《论语》与《孟子》中有关孝的论述，一方面说明孝作为一种家庭观念已经形成，另一方面又说明孝作为一种社会道德已得到提升（任同，2000）。因此，对于孝观念或孝行标准的认识则是家庭养老观念的重要组成部分。

在孝观念的思想指导下，本研究将家庭养老方式概括为谁来养（who）——子女以及在哪养（where）——居家两部分。对于这两方面问题的看法和观念则是对具体家庭养老方式的看法和观念。具体而言，对于谁来养老问题的看法，社会学家费孝通教授认为，"养儿防老"是均衡社会成员世代间取予的中国传统模式（费孝通，1983），因此研究主要通过老年群体对于"养儿防老"的看法来体现谁来养老这个议题；对于养老地点的选择则通过老年人打算今后在哪里养老以及子女对于老年人入住养老机构的看法来体现。

由中国人民大学组织的 2014 年中国老年社会追踪调查的调查对象是 60 周岁及以上的中国老年人群。该调查采用分层多阶段的概率抽样方法，选定县级区域（包括县、县级市、区）作为初级抽样单位（Primary Sampling Unit, PSU），村/居委会作为次级抽样单位（Secondary Sampling

Unit, SSU），调查对象为年满 60 周岁的中国公民。项目调查范围覆盖全国 28 个省/自治区/直辖市共 462 个村/居委会，样本包括 134 个县、区，462 个村、居委会共 11511 人（2014 年中国老年社会追踪调查报告，2014）。

本研究主要运用描述统计的分析方法。首先分析在家庭养老模式层面上目前老年人对于孝行标准的看法；其次针对具体的家庭养老方式层面，分析老年人对于主要照料者的期待，即老年人认为应该由谁来养老；最后，探究老年人及其家庭成员对于养老地点的选择观念问题。

一 关于家庭养老模式分析结果：孝观念的变化

在社会变迁中，孝的内容和子女尽孝行的标准发生了变化。在中国老年社会追踪调查中，从总体来看，被调查对象选择"主动关心"占的比例最高，为 48%，分别有 22.2% 和 15.9% 的被调查者选择"生活上照顾得周到"和"儿女自己有出息，不让老年人操心"。可见，这与中国传统孝观念强调的"父为子纲""无违""传宗接代"等观念发生了很大变化，现代社会中的"孝"更有"养"的含义。

从老年人特征上来看，调查发现，随着年龄的增加，老年人认为"生活上照顾得周到"的比例呈上升趋势。城乡老年人对于孝敬的理解有显著差异（p=0.000），相对于城市老年人，农村老年人选择"生活上照顾得周到""听话、从来不顶嘴""多给钱，保证老年人生活富裕"的比例高于城市老年人（图 2-1）。这个结果表明对于城市老年人而言，其需要给予更多精神关怀，而农村老人需要给予更多物质帮助。因此，有学者指出，重物质的供养可能是首先满足老年人的现实需求的表现或基本选择（陈功，2009）。

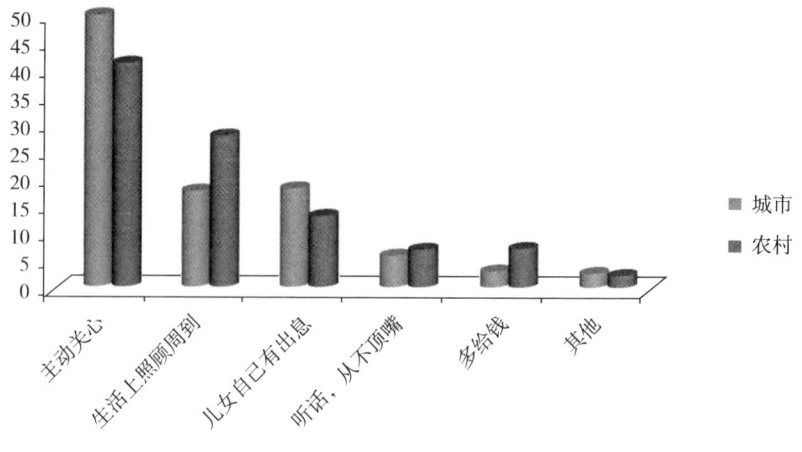

图2-1 城乡老年人对于孝敬的理解

二 关于家庭养老方式分析结果

（一）由谁养老："养儿防老"观念的变化

在我国，传统孝道文化中向来强调"养儿防老""多子多福"等，"老来从子"一直是传统中国老年人晚年生活的理想模式（杜鹏、曲嘉瑶，2013）。"养儿防老"的养老观既体现了老年人家庭养老的养老方式，也体现着养老责任主体的性别偏好是男孩。

但在现代生活中，这种传统的"养儿防老"观念在逐渐变化。总体来看，超过一半的老年人认为照料的主要承担者是子女且近七成（66.11%）的老年人同意"养儿防老"这个观点。高龄老年人相对于低龄老年人更认同"养儿防老"。该观点在不同性别的老年人之间也有显著差异，其中女性更倾向同意这种观点。此外，对待"养儿防老"的看法在城市户口和农村户口的老年人之间有很大的差别。有超过八成的农村老年人认同"养儿防老"，只有6.98%的农村老年人不认同此观点；但只有55.48%的城市老年人认同"养儿防老"，不同意该观点的超过20%（表2-1）。

表2-1　分年龄、性别、户口的老年人对"养儿（子）防老观点"的看法①

对养儿（子）防老观点的看法	合计	年龄组							性别		户口	
		60—	65—	70—	75—	80—	85—	90—	男性	女性	城市	农村
同意	66.11	63.08	66.65	68.85	68.41	66.82	68.06	66.67	64.89	67.53	55.48	80.90
不同意	15.63	19.99	16.97	13.44	12.55	11.31	12.04	17.54	17.67	14.55	22.88	6.98
看具体情况而定	16.23	15.19	15.39	15.79	16.46	17.19	14.81	10.53	15.48	15.80	19.16	10.72

注：各年龄组：Pearson Chi-Square=118.536，sig.=0.000；性别：Pearson Chi-Square=16.188，sig.=0.001；城乡：Pearson Chi-Square=668.341，sig.=0.000。

从以上数据可以看出，一方面老年人"养儿防老"观念仍占很大比例，这在一定程度上反映了目前在社会保障制度还不够健全不够完善的情况下，子女依旧是老年人养老保障的重要来源。但另一方面，相对农村、高龄老年人来说，城市、低龄老年人的传统养老观念在弱化。这在一定程度上表明，"养儿防老"观念是传统观念的惯性和社会转型的冲击共同作用的结果，随着时间的推移，有学者提出，"养儿"是生命历程中的必然选择，"防老"已经不再是生命接续的重要功能（高法成，2014）。

（二）在哪养老：居家养老仍占主体

1. 老年人期待的养老地点

根据养老场所与居住方式的不同，可以分为居家养老和机构养老两种基本类型。居家养老是指老年人居住在家中，而不是入住养老机构安度晚年（赵丽宏，2007），机构养老则是指将老年人集中在专门的养老机构中养老（陈友华，2012）。

数据显示（图2-2），有近七成的老年人选择今后打算在自己家养老，且绝大部分（94.16%）的老年人选择了在自己家和子女家养老，选择去社区的日托站或托老所以及养老院的老年人的比例占总体的4.13%。随着老年人年龄的增长，选择自己家养老的老年人比例逐渐下

---

① 该表依据原数据整理而来。之所以加和不等于100%是因为有"无法回答"的选项并未列在表中。

降，由于需要照料，故选择在子女家养老的老年人在提高。对于不同性别的老年人而言，选择在自己家养老的男性比例高于女性，城市老年人比例高于农村；选择在子女家养老的男性低于女性，农村老年人比例高于城市。

可见，从总体上看，绝大多数老年人选择居家养老这一观念并未发生很大变化。这也从一定程度上说明了"9064"与"9073"的社会养老服务体系安排考虑了老年人的养老意愿，但社区的日托站或托老所仍需根据各村居具体情况加大发展力度。

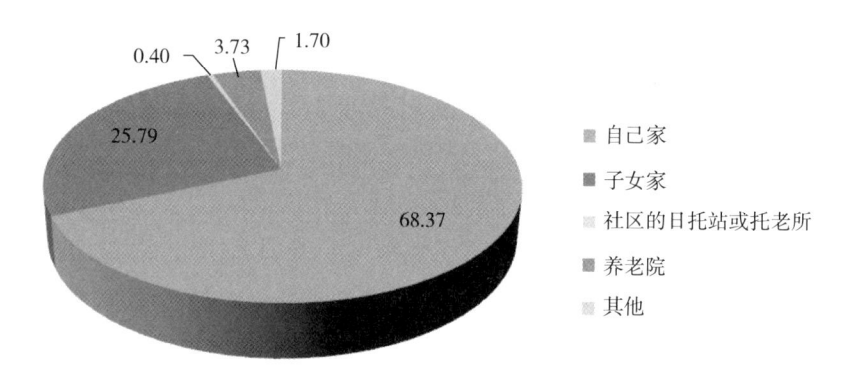

图2-2 老年人对于今后养老地点选择的看法（%）

2.家庭成员对入住养老机构的态度

家庭成员对老年人入住养老机构的态度反映了家庭养老观念的现状。从总体上看，反对老年人入住养老机构的比例要超过同意老年人入住养老机构的比例。有三成左右的家庭成员反对老年人入住养老机构，有两成左右的家庭成员同意家里老年人入住养老机构。通过对比2010年城乡老年人追踪调查的结果，我们可以发现，愿意老年人入住养老机构的比例在下降，反对老年人入住养老机构的比例在上升。这个有趣的现象反映了家庭成员在老年人入住养老机构的决策上始终保持相对保守的态度。

从城乡差异的视角来看，农村家庭对于老年人入住养老院的态度更为保守，大约43.4%的家人不愿意老年人入住养老院，而城市则相对开放。这一方面与农村养老院的条件较差有关，另一方面与农村和城市的养老文化差异有关。此外,家人对老年人入住养老院/养老机构的城乡差异在扩大(图2-3)。2010年城乡差异非常小,城市愿意和不愿意老年人入住养老院的比例仅与农村相差2.3%和1.04%,但是到2014年,两者的差距分别扩大到4.2%和8.0%,且农村不愿意老年人入住养老院/养老机构的态度更加明显。造成这种结果的原因可能有两个方面,一是城市比农村较早地面临缺乏照料者的状况,因为城市老年人独生子女比例比农村高,而农村多子女的家庭仍然相对比较普遍,加上生产生活条件改善,有能力有时间承担老年人的照料问题;二是因为在推进养老院建设方面,城市养老院的条件和功能总体上均优于农村,因而导致更多的农村老年人家庭不愿意将老年人送往养老院。

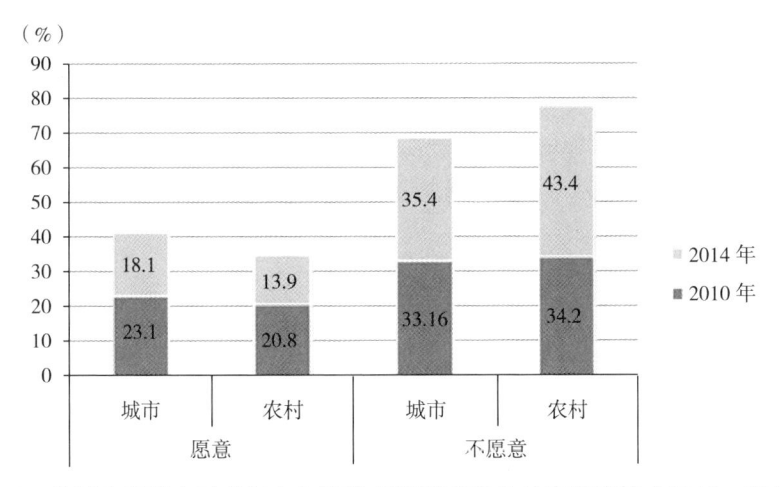

图2-3 分城乡的家人对老年人入住养老院/养老机构的变化趋势(2010—2014)

通过以上分析可以看出,传统的家庭养老模式在新时期有了新的意涵,孝观念和孝行标准在不同的文化氛围下有其新的表现形式,老年人更加注重子女日常生活的照料。在具体的家庭养老方式方面,对于"谁来养老"的看法,目前"养儿防老"观念在逐渐淡化,特别是城市、低龄老年人;对于"在哪养老"的看法,从总体上看,无论是老年人还是家庭成员大都希望居家养老,但对于机构养老的看法方面,老年人自身和家庭成员之间呈现了不同的态势。老年人中有近4%的人希望自己入住养老机构进行养老,而家庭成员中有超过10%的人愿意让老人入住养老机构,这从某种程度上反映了家庭养老使得家庭成员特别是子女面临着一定的照料负担。

因此,在大力发展居家养老服务的同时,我们可以清晰地认识到,居家养老观念仍占主流,且老年人更注重子女对其日常生活的照料,如何解决老年人日常生活照料问题不仅仅是"孝子"本身的问题,更要提到国家性家庭养老①的高度。

本章小结

本章从供需两个维度重点梳理了居家养老服务的产生。国内外居家养老服务产生基础存在差异,同时老年人的养老观念也发生着变化,供给侧与需求侧共同作用催生了居家养老服务。

1. 从国际上看,居家养老服务的概念源自于西方国家的社区照顾。社区照顾是20世纪40—50年代一些西方福利国家"反院舍化运动"的产物。社区照顾率先在英国产生与发展,是指运用非正式支持网络,联合正式服务及设施,由小型的、社区型的服务机构取代大型的养老机构,让有需要的人士在家里或社区熟悉的环境中得到照顾,过正常的生活,并与社区融合。此后,社区照顾的导向从"在社区照顾"过渡为"由社区照顾"。

2. 从国内来看,居家养老服务源于家庭照料。虽然国内学者针对居家养老方式和居家养老服务的含义存在一定争议,但总体而言,居家养老服务的产生一方面源于家庭规模小型化、人口外出流动、妇女在有酬劳动力市场就业率的提高等对家庭养老功能的削弱;另一方面也源于社会养老服务体系建设不断完善,社会化的养老服务开始介入家庭,为居家或社区内老年人提供社会化的服务。

3. 从需求侧看,老年人的"养儿防老"观念在逐渐淡化,为居家养老服务的产生提供了可能。传统的孝观念和孝行标准在不同的文化氛围下

---

① 国家性家庭养老由姚远教授提出,意为实施家庭养老离不开国家和社会的支持。

有其新的表现形式,老年人更加注重子女日常生活的照料。对于"谁来养老"的看法,目前"养儿防老"观念在逐渐淡化,特别是城市、低龄老年人;对于"在哪养老"的看法,从总体上看,无论是老年人还是家庭成员大都选择居家养老的方式。

第三章

居家养老服务的政策沿革

21世纪以来,我国居家养老服务相关政策经历了从萌芽到形成再到快速发展的过程。特别是近年来,很多地区出台《居家养老服务条例》、《养老服务促进条例》等,为居家养老服务发展提供法律保障。民政部、财政部支持国家级居家和社区养老服务试点,鼓励各地探索社区居家养老服务模式。从政策层面看,虽然不同学者对居家养老服务政策发展的年代划分稍有差异,但总体而言,大致以20世纪末21世纪初进入老龄化社会为一个时间节点、党的十八大以后2013年《国务院关于加快发展养老服务业的若干意见》(国发〔2013〕35号)即"国务院35号文"发布为一个时间节点进行划分。

居家养老服务政策变革一方面反映了不同时期我国对养老服务发展的侧重点有所差异,另一方面也体现着在实践过程中对居家养老服务的认识不断深化,从实践经验总结上升为政策,政策再指导实践的螺旋式发展过程。本部分主要以时间为线索,尝试梳理我国居家养老服务发展的政策脉络,由此展现居家养老服务发展历程和特征。

第一节 萌芽期:1983—1999年

我国专门成立处理老龄相关问题的机构——全国老龄工作委员会始于1982年,随后各省、市、县等也逐渐建立了老龄工作委员会及办事机构,初步形成了从中央到地方的老龄工作网络(王莉莉,2013)。居家养老理念被首次提及是在1983年全国老龄工作委员会的《关于老龄工作情况与今后活动计划要点》中，首次出现"老年人日间照料中心（日托所）"，"老年人日间照料中心"的表述将养老服务设施从单纯的机构养老分离出来，具有社区居家养老意涵。但该时期我国尚未正式进入老龄化社会，对老龄问题的关注有限，更未特别关注社区居家养老问题。

1989年颁布实施的《中华人民共和国城市居民委员会组织法》中规定，"居民委员会应当开展便民利民的社区服务活动，可以兴办有关的服务事业"，虽然并未明确提及社区居家养老服务，但其提出的"社区有关服务事业"为日后开展社区居家养老服务提供了法律保障。

1996年，我国出台了第一部老年法《中华人民共和国老年人权益保障法》，提出"老年人养老主要依靠家庭"。此外，该法对于老年人的社区服务也做出规定，"发展社区服务，逐步建立适应老年人需要的生活服务、文化体育活动、疾病护理与康复等服务设施和网点"。与此同时，我国服务业迅猛发展，社区服务业作为生活性服务业的重要组成部分愈发受到重视。在《关于加快发展第三产业的决定》中，"居民服务业"成为第三产业的重点发展项目，民政部门在社会福利社会化的背景下开始积极发展社区服务业；《中国老龄工作七年发展纲要（1994—2000）》中提出"要坚持家庭养老与社会养老相结合的原则"，"逐步形成以社区为中心的生活服务、疾病医护、文体活动、老有所为四大服务体系"，"大力发展社区服务业，帮助解决老年人特别是高龄老人和残疾老年人生活照料问题"；《民政事业发展十年规划和"八五"计划纲要》则明确指出"大力发展社区服务"，"初步建立起城市社区服务系统"；民政部、全国老龄办等部委联合下发的《关于加快发展社区服务业的意见》提出，社区服务业要"以老年人、残疾人、优抚对象服务和便民利民服务为主要内容"，并将"养老服务"作为社区服务业的一个主要服务内容。虽然在此阶段尚未正式形成居家养老服务的概念，但从理念和形式上具有一定的社区居家养老服务雏形。

萌芽期关于居家养老服务相关政策汇总：

中央：《中华人民共和国宪法》（1982）、《中华人民共和国城市居民委员会组织法》(1989)、《中共中央国务院关于加快发展第三产业的决定》(1992)、《中华人民共和国老年人权益保障法》(1996);

老龄部门:全国老龄工作委员会《关于老龄工作情况与今后活动计划要点》(1983)、《中国老龄工作七年发展纲要(1994—2000)》(1994);

民政部门:《民政事业发展十年规划和"八五"计划纲要》(1991)、《关于加快发展社区服务业的意见》(1993)、《民政事业发展"九五"计划和2010年远景目标纲要》(1997);

卫生部门:卫生部等《关于加强我国老年医疗卫生工作的意见》(1985)、《关于发展城市社区卫生服务的若干意见》(1999);

残联部门:《中国残疾人事业五年工作纲要》、《中国残疾人事业"八五"计划纲要的制定与实施》(1991)、《中国残疾人事业"九五"计划纲要》(1996)。

第二节　形成期：2000—2011 年

2000 年我国正式进入老龄化社会以后,在相关政策中逐渐提及社区居家养老服务。特别是在 2000 年出台的《关于加强老龄工作的决定》中明确对养老机制进行阐述——"建立以家庭养老为基础、社区服务为依托、社会养老为补充的养老机制"。与此同时,北京、上海、南京等地开始对社区居家养老服务进行试点。

2001 年 6 月,全国社区老年福利服务星光计划,简称"星光计划"正式启动,其主要是在 3 年内使用各级彩票中心发行福利彩票筹集的福利基金的 80% 和各级政府及社会各界投资的 50 亿元,在全国 10 万个社区居委会和农村乡镇新建或改扩建一批城市社区老年福利服务设施、活动场所和农村乡镇敬老院,以供老年人娱乐、健身和学习。"星光计划"一直持续数年,截至 2005 年,总投资 134 亿元,建成 3.2 万个星光老年之家,星光老年之家在当时主要为老年人提供休闲娱乐服务,对于入户服务、日间照料等功能未完全发挥。然而,当时无论是老年人需求市场还是服务供给主体都尚处于初步发育形成阶段，很多地区的"星光之家"存在"有室无人"最终无人问津的现象。

2005年，老龄事业特别是养老服务领域的主管部门主要为民政和老龄部门，同时卫生健康和残联部门也为养老服务提供医疗支持。民政部在《关于开展养老服务社会化示范活动的通知》中指出，"建立以国家、集体投入为主导，以社会力量投入为新的增长点，以居家养老为基础，以社区老年福利服务为依托，以老年福利服务机构为骨干的老年福利服务体系"，初步确立了社区居家养老服务在社会养老服务体系中的基础性地位。此后，在《中国老龄事业发展"十一五"规划》等文件中也出现了关于居家养老服务的有关内容。

2006年，《关于全面加强人口和计划生育工作统筹解决人口问题的决定》提出"积极应对人口老龄化……构建以居家养老为基础、社区服务为依托、机构照料为补充的养老服务体系"。同年，老龄等有关部门联合印发《关于加快发展养老服务业意见的通知》也提出"建立和完善以居家养老为基础、社区服务为依托、机构养老为补充的服务体系"，居家养老服务被提上日程；《民政事业发展第十一个五年规划》强调要"形成以家庭为主体、社区为依托、机构为补充"的社会福利体系；《中国老龄事业发展"十一五"规划》则提出要"加快建立以居家养老为基础、社区服务为依托、机构养老为补充的老年人社会福利服务体系"。

2008年，全国老龄办、民政部等联合出台了《关于全面推进居家养老服务工作的意见》。该《意见》为居家养老服务体系建设提供了明确的思路，对居家养老服务供给主体、服务对象、服务内容等进行阐述，这一政策的出台极大地推动了我国社区居家养老服务的发展。

2011年，"十二五"规划提出"以居家为基础、社区为依托、机构为支撑的养老服务体系"。新的养老服务体系的提出，表明我国居家养老服务政策在养老服务体系化建设方面迈出了重大一步。同年9月，国务院印发了《中国老龄事业发展"十二五"规划》，首次提出将"80%以上退休人员纳入社区管理服务对象"，强调社区在为老服务中的重要作用。同年12月，国务院办公厅出台《社会养老服务体系建设规划

(2011—2015年)》，这是新中国成立以来第一部社会养老服务体系建设的专项规划，将发展社会养老服务特别是社区居家养老服务提升到影响国家经济社会发展全局的高度。在规划中，重申"社会养老服务体系建设应以居家为基础、社区为依托、机构为支撑，"在保障失能、独居、高龄等特殊困难老年群体基本生活需求的同时改善全体老年人群的服务质量。《社会养老服务体系建设规划》是指导"十二五"时期我国社会养老服务发展的纲领性文件。此外，《社会养老服务体系建设规划（2011—2015年）》中也提出，"'十二五'期间重点建设社区养老设施，包括老年人日间照料中心、老年活动中心以及互助式社区养老服务中心等。"其中对社区老年人日间照料中心（即日托所）服务对象进行界定，社区日托所针对的服务对象主要是身体不能完全自理，需要别人照料的老年人，即半失能老年人（王莉莉等，2014），目标是使日间照料服务基本覆盖城市社区和半数以上的农村社区。

伴随着养老服务内涵不断明晰，社会养老服务体系不断健全，居家养老服务的理念开始深入人心，特别是关于养老方式的表述已经从2000年的"以家庭养老为基础"过渡到"十二五"时期提出的"以居家为基础"，凸显养老服务方式的重大变革。从家庭养老到居家养老体现着我国养老服务方式的重大变迁，社会化的养老服务开始介入到家庭之中，养老不再完全是家庭成员或者政府的责任，而是需要家庭、社会、政府多元主体共同参与。

形成期关于居家养老服务相关政策汇总：

中央：《中共中央 国务院关于加强老龄工作的决定》（2000）、《中共中央关于制定国民经济和社会发展第十一个五年规划的建议》（2005）、《关于构建社会主义和谐社会若干重大问题的决定》（2006）、《关于全面加强人口和计划生育工作 统筹解决人口问题的决定》（2006）、《关于加强和改进社区服务工作的意见》（2006）、《关于发展城市社区卫生服务的指导意见》（2006）、《关于加快发展服务业的若干意见》（2007）、《关于制定国民经济和社会发展第十二个五年规划的建议》（2010）、《城乡社区服务体系建设"十二五"规划》（2011）、《社会养老服务体系建设"十二五"规划》（2011）。

民政部门：《民政事业发展"十五"计划和2015年远景目标纲要（草案）》（2000）、《关于加快实现社会福利社会化的意见》（2000）、《"社区老年福利服务星光计划"实施方案》（2001）、《关于在全国推进城市社区建设的意见》（2000）、《全国社区建设示范城基本标准》（2001）、《关于进一步做好社区组织的工作用房、居民公益性服务设施建设和管理工作的意见》（2005）、《民政事业发展第十一个五年规划》（2006）、《"十一五"社区服务体系发展规划》（2007）、《关于进一步推进和谐社区建设工作的意见》（2009）、《关于加强和改进城市社区居民委员会建设工作的意见》（2010）。

老龄部门：《中国老龄事业发展"十五"计划纲要（2001—2005年）》（2001）、《中国老龄事业发展"十一五"规划》（2006）、《关于加快发展养老服务业的意见》（2006）、《关于加强基层老龄工作的意见》（2006）、《中国老龄事业的发展（2006）》、《关于全面推进居家养老服务工作的意见》。

卫生部门：《关于2005年城市社区卫生服务发展目标的意见》（2001）、《关于加强老年卫生工作的意见》（2001）、《中国精神卫生工作规划（2002—2010年）》（2002）、《全国健康教育与健康促进工作规划纲要》（2005）、《中国护理事业发展规划纲要（2005—2010年）》（2005）、《关于加快发展城市社区卫生服务的意见》（2006）、《城市社区卫生服务机构管理办法（试行）》（2006）、《卫生事业发展"十一五"规划纲要》（2007）》、《关于促进基本公共卫生服务逐步均等化的意见》（2009）、《国家基本公共卫生服务规范》（2009年版）。

残联部门：《关于促进残疾人事业发展的意见》（2008）、《关于加快推进残疾人社会保障体系和服务体系建设指导意见》（2010）。

第三节　发展期：2012年至今

党的十八大以来，居家养老服务进入快速发展阶段。2012年，民政部出台《关于鼓励和引导民间资本进入养老服务领域的实施意见》，该文件指出，鼓励民间资本在城镇社区举办老年人日间照料中心等养老服务设施，支持社区居家养老服务网点连锁发展、扩大布点，提高社区居家养老服务的可及性，同时就优惠政策也做了相应的规定。2012年底，第一次修订了《中华人民共和国老年人权益保障法》，最大亮点是将"积极应对人口老龄化"纳入法律，并作为中国的一项长期战略任务，党的十九届五中全会将其上升为国家战略。自此，我国老龄事业和养老服务发展有了法律依据，也为发展社区居家养老服务提供了法律保障。

2013年通常被养老业界称为"养老元年"，因为在此年国家出台了多项老龄政策，特别是《国务院关于加快发展养老服务业的若干意见》（国发〔2013〕35号）是影响养老服务业发展的重要文件，其在充分发挥市场在资源配置中的决定性作用，探索公建民营、政府购买服务等多种社区居家养老服务供给方式方面起到重要指引作用，养老服务呈现百花齐放的局面。

2014—2016年，持续出台关于发展社会养老服务体系、促进养老服务业发展、医养相结合等多项政策，在居家养老服务方面已经由概念化理念化向具体服务发展，特别是进一步强调了在进行居家养老服务时，鼓励民间资本介入参与、强调医疗服务与养老服务在社区居家养老层面相结合等。具体而言，出台《关于鼓励民间资本参与养老服务业发展的实施意见》《关于开发性金融支持社会养老服务体系建设的实施意见》《关于推进医疗卫生与养老服务相结合指导意见的通知》《关于全面放开养老服务市场提升养老服务质量的若干意见》《关于支持整合改造闲置社会资源发展养老服务的通知》《商务发展第十三个五年规划纲要》《全国护理事业发展规划（2016—2020年）》等相关政策，都旨在有效增加居家养老服务供给总量，创新养老服务供给方式以及提高养老服务质量。

同时，2016年，在民政部、财政部等相关部门的引导下，开始在全国范围内开展"社区居家养老服务试点"工作，各级政府持续加大对社区居家养老服务建设的投入（表3-1）。自2016年底全国遴选出26个城市作为全国居家和社区养老服务改革试点起，民政部、财政部出台系列文件明确了26个试点城市的任务和工作要求，除常规遴选、申报、公布机制外，还专项出台了试点补助资金管理办法、试点地区绩效考核办法；另外，由民政部、财政部联合开展了对第一批试点地区的考核，制定了由组织实施、资金安排、工作成效等方面构成的详细指标评价体系，形成了推动居家和社区养老服务改革的良性奖惩机制。截至2020年4月，中央财政支持开展居家和社区养老服务改革试点共公布五批试点市（区）（详见附件2）。财政部、民政部采取中央财政出资、地方财政配套补贴的办法，每个试点城市根据老年人口规模补贴2000万—5000万元不等。地方福彩公益金要求50%以上用于养老服务业，试点地区落实更为充分。财政补贴主要用于两类，一类是补需方，比如各类养老服务补贴提升老年人购买力、支持家庭照顾者开展喘息服务、居家适老化改造等；一类是补供方，为机构提供建设和运营补贴、以奖代补、综合责任险，对养老服务人才实行培训补贴和职业津贴等。

2017年2月，国务院印发《"十三五"国家老龄事业发展和养老体系建设规划》，提出"到2020年，居家为基础、社区为依托、机构为补充、医养相结合的养老服务体系更加健全"，并"大力发展居家社区养老服务"。与"十二五"时期相比，对于社会养老服务体系的表述中，"居家为基础、社区为依托"未改变；但对于机构养老功能的表述则由"补充"变成了"支撑"。"补充"与"支撑"的差别在于，支撑是养老服务供给主体的重要组成部分，机构养老为老年人提供标准化、专业化的服务，而补充地位则相对较弱，在各供给方式中处于"查缺补漏"的定位。"十三五"时期对于机构养老的定位更加重视，特别是注重发挥养老机构在辐射社区居家养老中的作用。但到了2015年11月公布的《中共中央关于制定国民经济和社会发展第十三个五年规划的建议》中，将"机构为支撑"变回"机构为补充"，表现出机构、社区、居家养老相对作用的转变。受到中国传统文化的影响，入住养老机构是老年人迫不得已的选择，而社区居家养老一方面满足老年群体就近就便养老的需求，另一方面也减轻了老年人及其家庭因入住养老机构而带来的经济负担。因此，在"十三五"规划中，更注重社区居家养老的基础性作用，进而将机构养老的功能变为"补充"作用。为此，北京、上海等地根据居家养老、社区养老、机构养老三者的关系构建"9064""9073"养老服务体系，即90%的老年人为居家养老，6%或7%的老年人在社区养老、4%或3%的老年人在机构养老。诚然，随着第一代独生子女父母开始进入老年期，"新老年人"的养老方式也发生着变化，特别是目前对于社区养老的内涵、外延尚未完全界定清晰的情况下，机构、社区、居家三者关系亦在发生着变化。

近年来，居家养老服务政策频发，特别是2018年以来更加强调了居家养老服务的规范化、多样化发展，更是在政策层面屡出实招，促进居家养老服务可持续发展。

在立法方面，在《中华人民共和国老年人权益保障法》（2012年修正版）中明确指出国家要建立居家为基础、社区为依托、机构为支撑的社会养老服务体系。在此基础上，地方立法先行，北京、合肥、沈阳等地区分别出台了《居家养老服务条例》或《养老服务促进条例》，从服务对象、服务内容及质量、资金筹措、保障机制等多个方面进行了规定（表3-2）。

在设施建设和服务标准方面，北京市走在全国前列，率先出台《社区养老服务驿站设施设计和服务标准（试行）》，明确社区养老驿站的建设标准、设计标准及服务管理标准（表3-3）。

在推进居家养老服务业发展方面，2019年《国务院办公厅关于推进养老服务业发展的意见》以及财政部发布《养老、托育、家政等社区家庭服务业税费优惠政策的公告》，进一步提出了系列促进社区服务业发展的政策，包括按收入的90%纳入计税额，免征增值税、契税、房产税、城镇土地使用税以及多个行政事业收费，等等。2019年，中共中央、国务院印发《国家积极应对人口老龄化中长期规划》，其中，就有"老有所养"的养老服务体系专章。而且，"大力发展养老特别是社区养老服务业"被列入政府工作任务。

表3-1　中央财政支持开展居家和社区养老服务改革试点工作的进程

文件名称	发文单位	出台时间
关于中央财政支持开展居家和社区养老服务改革试点工作的通知	民政部、财政部	2016年07月13日
关于确定2016年中央财政支持开展居家和社区养老服务改革试点地区的通知	民政部、财政部	2016年11月11日
中央财政支持居家和社区养老服务改革试点补助资金管理办法	财政部、民政部	2017年02月10日
关于做好第一批中央财政支持开展居家和社区养老服务改革试点工作的通知	民政部、财政部	2017年03月28日
中央财政支持开展居家和社区养老服务改革试点工作绩效考核办法	民政部、财政部	2017年03月28日
关于开展第一批中央财政支持开展居家和社区养老服务改革试点工作绩效考核的通知	民政部、财政部	2017年07月28日
关于确定第二批中央财政支持开展居家和社区养老服务改革试点地区的通知	民政部、财政部	2017年11月10日
关于第一批中央财政支持开展居家和社区养老服务改革试点地区绩效考核结果的通报	民政部、财政部	2017年11月30日
关于下达第一批居家和社区养老服务改革试点地区奖励资金的通知	财政部	2017年12月11日
关于确定第三批中央财政支持开展居家养老和社区养老服务改革试点地区的通知	民政部、财政部	2018年05月09日
关于第二批中央财政支持开展居家和社区养老服务改革试点地区绩效考核结果的通报	民政部办公厅、财政部办公厅	2018年12月12日
关于开展第三批居家和社区养老服务改革试点成果验收与报送居家和社区养老服务改革试点经验的通知	民政部、财政部	2019年04月04日
关于公布第三批中央财政支持开展居家和社区养老服务改革试点地区成果验收结果的通知	民政部办公厅、财政部办公厅	2019年07月19日
关于确定第四批中央财政支持开展居家和社区养老服务改革试点地区的通知	民政部、财政部	2019年08月30日

续表

文件名称	发文单位	出台时间
关于开展第五批居家和社区养老服务改革试点申报工作的通知	民政部、财政部	2019年11月11日
关于确定第五批中央财政支持开展居家和社区养老服务改革试点地区的通知	民政部、财政部	2020年02月18日

资料来源：民政部网站。

2019年10月，党的十九届四中全会通过《中共中央关于坚持和完善中国特色社会主义制度、推进国家治理体系和治理能力现代化若干重大问题的决定》明确提出，"积极应对人口老龄化，加快建设居家社区机构相协调，医养康养相结合的养老服务体系"，进一步针对居家、社区、机构三种养老服务方式进行了阐述，明确居家养老、社区养老、机构养老并不是互相分割的，特别是对于社区养老和居家养老而言，三者是互相协调、相辅相成的关系。

2020年伊始，受新型冠状病毒感染肺炎疫情的影响，我国居家养老服务近乎停滞，在此期间以民政部门为主要牵头部门着重就养老机构的新冠疫情防范及复工复产进行政策安排，自5月《国务院应对新型冠状病毒感染肺炎疫情常态化防控工作的指导意见》发布后，各地开始发布相关政策，指导居家养老服务复工复产。

发展期关于居家养老服务相关政策汇总：

中央：《关于加快发展养老服务业的若干意见》（2013）、《关于全面放开养老服务市场提升养老服务质量的若干意见》（2016）、《关于印发"十三五"国家老龄事业发展和养老体系建设规划的通知》（2017）、《关于制定和实施老年人照顾服务项目的意见》（2017）、《关于促进"互联网+医疗健康"发展的意见》（2018）、《中华人民共和国老年人权益保障法（2018年修正）》（2018）、《关于推进养老服务发展的意见》（2019）、《关于实施健康中国行动的意见》（2019）。

民政部门：《关于鼓励民间资本参与养老服务业发展的实施意见》（2015）、《关于加快推进养老服务工程建设工作的通知》（2015）、《关于开发性金融支持社会养老服务体系建设的实施意见》（2015）、《关于深入推进农村社区建设试点工作的指导意见》（2015）、《关于在全国开展农村特困人员供养服务机构社会化改革试点工作的通知》（2015）、《关于中央财政支持开展居家和社区养老服务改革试点工作的通知》（2015）、《关于支持整合改造闲置社会资源发展养老服务的通知》（2016）、《关于加快推进养老服务业放管服改革的通知》（2017）、《关于做好第一批中央财政支持开展居家和社区养老服务改革试点工作的通知》（2017）、《关于印发〈养老服务标准体系建设指南〉的通知》（2017）、《关于加强农村留守老年人关爱服务工作的意见》（2017）、《关于进一步做好养老服务领域防范和处置非法集资有关工作的通知》（2018）、《关于进一步加强特困人员供养服务设施（敬老院）管理有关工作的通知》（2019）、《关于进一步扩大养老服务供给 促进养老服务消费的实施意见》（2019）。

老龄部门：《关于进一步加强老年人优待工作的意见》（2013）、《关于推进老年宜居环境建设的指导意见》（2016）。

卫健部门：《关于进一步完善乡村医生养老政策 提高乡村医生待遇的通知》（2013）、《关于推进医疗卫生与养老服务相结合指导意见的通知》（2015）、《关于印发医养结合重点任务分工方案的通知》（2015）、《关于促进护理服务业改革与发展的指导意见》（2018）、《关于深入推进医养结合发展的若干意见》（2019）、《关于建立完善老年健康服务体系的指导意见》（2019）。

表 3-2 各地居家养老服务条例一览表（节选）

地区	政策名称	施行时间	服务内容	主要定量指标
北京市	北京市居家养老服务条例	2015年5月1日	餐饮、医疗卫生、家庭护理、特殊人群紧急救援、社区托老所日间服务、家政服务、高龄独居老年人的精神关怀、文体活动	以家庭为基础，在政府主导下，以社会保障制度为支撑，以城乡社区为依托，企业、社会组织提供专业化服务，由政府提供基本公共服务，基层群众性自治组织和志愿者提供公益互助服务，满足居住在居家老年人社会化服务的养老服务模式。以居住在居家老年人的服务需求为导向，坚持自愿选择、就近便利、安全优质、价格合理的原则。明确了家庭、政府和社会力量、市场在居家养老中的作用和角色分工。
宁波市	宁波市居家养老服务条例	2018年10月1日	（1）生活照料服务：日间托养、助餐、助洁、助行、助浴、代缴代购等；（2）健康护理服务：保健指导、医疗康复、紧急援助、家庭护理、健康体检、临终关怀等；（3）精神慰藉服务：法律咨询、情绪疏导、心理健康等；（4）身心健康服务：文化娱乐、体育健身、知识讲座等	（1）新建住宅小区的居家养老服务用房按照每百户不少于20平方米建筑面积标准配建；已建成住宅小区的居家养老服务用房按照每百户不少于15平方米建筑面积标准配建；（2）为特殊困难重度失智失能老年人每月提供不少于45小时，中度失智失能老年人每月提供不少于30小时的居家养老服务；（3）为80周岁以上老年人以及计划生育特殊家庭中70周岁以上老年人，每人每月提供一定时间的免费居家养老服务；（4）为80周岁以上老年人以及计划生育特殊家庭、最低生活保障家庭，免费为老年人购买意外伤害保险；（5）为80周岁以上老年人以及患有重度慢性疾病老年人的家庭免费安装紧急呼叫设施，提供紧急援助信息服务。
沈阳市	沈阳市居家养老服务条例	2019年10月1日	（1）生活照料服务：全托、日托、助餐、助洁、助行、助浴、助医及代缴代购等；（2）医疗卫生服务：健康管理、疾病防治、医疗康复服务；（3）精神慰藉服务：关怀访视、生活陪伴、心理咨询、情绪疏导、临终关怀等；（4）紧急救援服务；（5）文化教育、体育健身服务；（6）维权法律服务	（1）新建居住区应当以每百户建筑面积不低于35平方米的标准配建；已建成居住区应当按照每百户建筑面积不低于25平方米的标准配建；（2）为特困人员参加居民基本医疗保险提供个人缴费补贴；（3）为特困人员、低保边缘人员、低保边缘户中的老年人和城乡低保、低保边缘户中的计划生育特殊家庭中的老年人购买意外伤害保险，城乡低保、低保边缘户和计划生育特殊家庭中的失能老年人每月提供每年一次的免费常规体检；（4）为城乡低保、低保边缘户中的老年人每月提供30—45小时的免费居家养老服务；（5）为65周岁以上老年人和计划生育特殊家庭中70周岁以上老年人，每人每月提供3小时的免费居家养老服务。

续表

地区	政策名称	施行时间	服务内容	主要定量指标
杭州市	杭州市居家养老服务条例	2019年12月29日	（1）生活照料服务：助餐、助浴、助洁、助行、助急、日间照料、短期托养、代购代缴等；（2）医疗卫生和家庭护理服务：保健指导、健康体检、医疗康复、家庭病床、临终关怀等；（3）精神慰藉服务：关怀访视、生活陪伴、心理咨询、情绪疏导；（4）身心健康服务：文化娱乐、体育健身、教育培训等；（5）法律咨询、法律援助、公证、人民调解等	（1）新建住宅小区应当把居家养老服务用房纳入配套公建用房，按照每百户建筑面积不少于30平方米集中配置，每处不少于300平方米集中配置；已建成住宅小区的居家养老服务用房按照每百户建筑面积不少于20平方米集中配置，每处不少于200平方米集中配置；乡、街道办事处应当结合农村地区实际需求配置居家养老服务用房，原则上每个行政村至少集中配置一处，单处建筑面积不少于300平方米。居家养老服务用房应当至少集中配置以乡（镇）人民政府在县、县（市）区根据老年人口数量，居家养老服务需求和服务半径，至少集中配置一处区域性居家养老服务用房。其中，为最低生活保障家庭的大能失智高龄老年人提供每月不少于52小时的居家养老服务，为最低生活保障家庭的重度失能失智老年人提供每月不少于38小时的居家养老服务，为最低生活保障家庭的中度失能失智老年人提供每月不少于3小时的居家养老服务；（3）为80周岁以上老年人提供每月不少于6小时的居家养老服务；（4）为90周岁以上老年人发放高龄津贴；（5）为80周岁以上老年人提供定期免费体检；（6）为已参加基本医疗保险的60周岁以上老年人及最低生活保障对象以及80周岁以上的老年人购买居家养老人身意外伤害保险，计划生育特殊家庭，重点优抚对象以及80周岁以上的老年人购买意外伤害保险。
河北省	河北省居家养老服务条例	2017年1月1日	（1）家政服务：生活照料、餐饮配送、助洁、助浴、辅助出行等；（2）医疗卫生服务：健康体检、家庭病床、医疗康复和护理等；（3）精神慰藉服务：关怀访视、生活陪伴、心理咨询、不良情绪干预、临终关怀等；（4）安全指导、紧急救援服务；（5）法律咨询和法律援助服务；（6）身心健康服务：文化娱乐、体育健身、休闲养生等	（1）新建居住区应当按照养老服务规划，配套建设养老服务设施；老旧小区没有养老服务设施或者现有设施未达到配套建设指标的，按照每百户不低于20平方米的标准配建，以每百户不低于30平方米的标准，配套建设养老服务设施；（2）为65周岁以上的老年人建立健康档案。

41

续表

地区	政策名称	施行时间	服务内容	主要定量指标
苏州市	苏州市居家养老服务条例	2016年1月1日	（1）生活照料服务：助餐、助浴、助行、家庭保洁、代购代缴等；（2）医疗卫生和家庭护理服务：健康体检、医疗康复、家庭病床等；（3）安全指导、紧急救援服务；（4）身心健康、教育培训、心理咨询、文体娱乐、精神慰藉等	（1）新建住宅按照每百户不少于30平方米的标准，已经建成的住宅按照每户不少于20平方米的标准，安排社区居家养老服务设施；（2）本市户籍和非本市户籍在本市退休的老年人定期免费体检；（3）本市户籍的80周岁以上老年人，70周岁以上享受生活照料服务、70周岁以上享受特别扶助生活照料服务；（4）本市户籍属于政府养老援助对象，每月享受生活照护服务，每户每月享受生活照料服务不少于36小时，日常生活需要半护理的每户每月享受生活照料服务不少于48小时，日常生活需要全护理的每户每月享受生活照料服务的；（5）本市户籍70周岁以上老年人由市政府购买意外伤害保险。
合肥市	合肥市居家养老服务条例	2017年1月1日	（1）家庭保洁、助餐、代购代缴、辅助出行、医疗、护理、康复、检查、临终关怀；（3）关怀访视、心理咨询、情绪疏导；（4）日间照料、短期托养；（5）指导老年人开展文化娱乐、体育健身、旅游休闲等活动；（6）国家和地方规定的其他服务	（1）农村社区应当按照每百名老年人使用面积不少于100平方米的标准配置养老服务用房；（2）新建住宅区应当按照每百户使用面积不少于30平方米的标准配置居家养老服务用房；（3）已建成住宅区应当按照每百户使用面积不少于20平方米的标准配置居家养老服务用房，居家养老服务用房应当设置在三层以下，方便老年人出入和活动，满足通风和日照等条件；（4）居家养老服务用房用水、用电、用气、电视费、宽带网络使用应当按照居民生活类价格执行；有线电视、电表、水表安装应当成本价收取。
南昌市	南昌市居家养老服务条例	2020年1月1日	（1）日间托养、助餐、助浴、助洁、助行、助医等；（2）健康体检、医疗康复、保健护理服务；（3）关怀访视、生活陪伴、情绪疏导、临终关怀等精神慰藉服务；（4）紧急救援、安全指导、体育健身、心理咨询、法律援助等其他服务	（1）新建城区和新建城市居住区，应当按照每百户20平方米以上的标准配建居家养老服务设施，单处用房面积不得少于200平方米；老城区和已建成城市居住区，应当按照每百户15平方米以上的标准要求专门配建居家养老服务设施，单处用房面积不得少于150平方米；农村社区应当按照每百名老年人100平方米以上的标准出让土地，优先用于建设居家养老服务有关标准；（2）旧城区改造中，没有配置电梯的，所在楼层不得高于五层以下难以单宗出让的，优先用于建设居家养老服务公共等条件；（3）居家养老服务应当符合国家和省有关标准，消防安全条件；（4）为80周岁以上老年人免费提供每月不低于2小时的居家养老服务，具体办法由市人民政府民政主管部门会同市财政部门制定。

续表

地区	政策名称	施行时间	服务内容	主要定量指标
芜湖市	芜湖市居家养老条例	2020年3月1日	（1）为计划生育特殊家庭和最低生活保障家庭中的老年人提供适当的免费居家养老服务；（2）为80周岁以上老年人购买意外伤害保险，并在其住所免费安装应急呼叫设施；（3）对长期不能自理、经济困难的老年人，根据其失能程度等情况给予护理补贴；（4）对经济困难的其他老年人，逐步给予养老服务补贴；（5）职责范围内的其他居家养老服务工作	城乡社区居家养老服务用房应当按照新建住宅小区每百户20至30平方米、已建成住宅小区每百户15至20平方米的标准配套建设。
西安市	西安市社会养老服务促进条例（草案）	2020年5月1日	以家庭为基础，由政府及其有关部门、企业事业单位、社会组织、基层群众性自治组织和个人协助家庭，为居家生活的老年人提供（1）生活照料、（2）家政服务、（3）餐饮配送、（4）代缴代购、（5）医疗保健、（6）心理关爱、（7）文化娱乐等服务。同时，（8）加强基层医疗卫生机构建设，推动医疗卫生服务延伸至社区和家庭，提高基本公共卫生服务水平	（1）有失能、失智老年人的最低生活保障家庭、最低生活保障边缘家庭以及有重度残疾老年人的家庭进行无障碍设施改造的，区县级以上人民政府应当给予资金补助。（2）通过组织开展免费培训等形式，向家庭成员普及照料失能、失智老年人的护理知识和技能。（3）创新居家养老模式，推广"虚拟养老院"，打造"15分钟养老服务圈"。（4）发展嵌入式养老模式；推行"时间银行"互助养老模式；鼓励邻里互助养老，鼓励老年人之间的互助服务。

续表

地区	政策名称	施行时间	服务内容	主要定量指标
山东省	《山东省养老服务条例》	2020年5月1日	（1）生活照料、餐饮配送、保洁、助浴、辅助出行等日常生活服务；（2）健康体检、医疗康复、临终关怀等健康护理服务；（3）关怀访视、生活陪伴、心理咨询与服务等精神慰藉服务；（4）安全指导、紧急救援服务、法律咨询、人民调解服务；（6）文化娱乐、体育健身、休闲养生等服务	（1）新建城镇居住区按照每一百户不低于20平方米的标准配套建设社区养老服务设施。已建成或规定要求的、所在地县（市、区）人民政府应当通过新建、改建、购置、置换、租赁等方式配置社区养老服务设施。（2）多个占地面积较小的居住区可以统筹配置社区养老服务设施。
甘肃省	《甘肃省养老服务条例》	2020年7月1日	鼓励社会力量提供高质量的居家社区养老服务，为居家的老年人提供（1）餐饮家政、（2）紧急救援、（3）医疗护理、（4）精神慰藉、（5）心理咨询等多种形式的服务	（1）县级以上人民政府应当建立健全居家养老扶持政策，制定居家养老基本服务清单。（2）鼓励有条件的地区通过补贴、补助、购买服务等方式，优先保障经济困难的独居、空巢、留守、失能和计划生育特殊家庭的老年人的居家养老服务需求。（3）县级以上人民政府及其民政部门应当推动居家社区机构养老服务融合发展，在社区建立嵌入式养老服务机构或者日间照料中心，为老年人提供生活照料、助餐服务、紧急救援、精神慰藉等服务。建立健全规章制度、配套与服务项目相符合的组织或按照规定办理登记或者备案、规范服务流程、公开收费标准，并接受服务对象、政府和社会的监督。

表 3-3　　　　　　　居家养老服务标准：以北京市为例[①]

设施建设和设计标准	管理标准
1. 设施建设标准：社区养老服务驿站应综合考虑地区人口密度、老年人口分布状况、服务需求、服务半径等因素，同时参考街乡镇养老照料中心分布情况进行规划设置。原则上，社区养老服务驿站的服务半径不超过1000米。	1. 人员标准：（1）人员配备标准：社区养老服务驿站设站长1人（可兼职），养老护理员与服务对象比例达到1:6，至少有1名社会工作人员（可兼职）、1名医务人员（可兼职）、1名工勤人员（可兼职）、财务人员1人（可兼职）。连锁化、品牌化的社区养老服务驿站可根据实际需要，统一调配人员。（2）人员专业标准：社区养老服务驿站设站长1人（可兼职），养老护理员与服务对象比例达到1:6，至少有1名社会工作人员（可兼职）、1名医务人员（可兼职）、1名工勤人员（可兼职）、财务人员1人（可兼职）。连锁化、品牌化的社区养老服务驿站可根据实际需要，统一调配人员。
2. 设施供给：社区养老服务设施应由政府无偿提供。新建居住区、现有居住区配套的养老服务设施，应当无偿用于社区养老服务驿站运营。社区未配套建有养老服务设施的，应通过购买、租赁其他设施，作为社区养老服务设施，无偿交给企业和社会组织运营。已经交给其他单位运营使用的，应当收回并无偿交给企业和社会组织使用。	2. 责任险确定：社区养老服务驿站要建立风险防范机制，购买相关综合责任保险，并与长期服务对象签订服务协议、知情同意书，主动出示安全须知，鼓励老年人购买意外伤害保险，降低运营风险。
3. 设施环境标准：（1）名称、功能、标识按全市统一标准设计，附近区域设有道路交通指示标志；（2）布局科学合理，公共设施与功能相匹配；（3）公共区域设有明显标识，符合老年人生理特征，位置明显、信息精准、图文清晰；（4）活动场所布置合理，清洁整齐，公共健身设施、照明设施符合国家规范；（5）建筑装饰装修工程所用材料符合国家有关建筑装饰装修材料有害物质限量标准的规定，品种规格和质量符合设计要求和国家现行标准规定；设有通风设备和通风通道，确保老年人居住和活动空间空气清洁；（6）外部环境符合相关国家标准对环境空气、噪声环境、道路交通的要求。	3. 收费标准：（1）驿站服务项目收费价格应低于本区域市场平均价格，高于成本价格。（2）在文化娱乐、心理慰藉，以及量血压、健康知识讲座等方面设定公益服务项目，不收取服务对象费用。（3）由街道办事处（乡镇政府）、相关政府部门无偿提供设施建立的社区养老服务驿站，具体收费标准在区民政部门指导下，由驿站运营方与属地街道办事处（乡镇政府）协商确定。（4）按照政府有关规定，为城乡特困老人和低保低收入家庭老人提供的基本公共养老服务项目，由政府通过购买服务方式给予补助。

[①] 资料来源：北京市民政局关于印发《社区养老服务驿站设施设计和服务标准（试行）》的通知。

续表

设施建设和设计标准	管理标准
4.设施地址标准：（1）地形平坦，自然环境良好，可获得有效日照和通风；（2）基础设施良好，便于利用周边的生活、医疗等公共服务设施；（3）场地交通便利，方便老年人到达。	4.档案管理制度：档案包括驿站档案和服务档案。驿站档案包括文书档案、财务档案、员工信息等资料。服务档案包括老年人信息、服务协议、服务项目、服务安排、服务记录等资料。有条件的驿站应建立数字化档案，形成网络化信息管理。
5.设施建筑标准：（1）社区养老服务驿站建筑应为低层建筑或设置于建筑物底层，耐火等级不低于2级，其疏散距离及宽度应符合相关建筑设计防火疏散要求。供老年人使用的房间不应设置在地下室及半地下室。（2）社区养老服务驿站出入口为无障碍出入口，出入口处的平台与建筑室外地坪高差不宜大于500mm，并应采用缓步台阶。主要出入口宜设门斗，应采用向外开启的平开门或电动感应平移门，不应选用旋转门。（3）老年人公共空间应沿墙安装安全扶手，并宜保持连续。老年人居住用房内应设安全疏散指示标识，老年人活动空间内的墙面凸出和临空突出物，应采用醒目的色彩或采取图案区分和警示标识。公共活动用房、生活用房及卫生间应设紧急呼叫装置，紧急呼叫信号应能传输至护理站或总值班室。（4）社区养老服务驿站原设置火灾自动报警系统、消防应急照明灯、低位照明灯及疏散指示标志、配备防火毯、独立烟感报警器、消防过滤式自救呼吸器。（5）社区养老服务驿站供电设施应符合设备和照明用电负荷的要求，并宜配置应急电源设备。（6）社区养老服务驿站应有给排水设施，并应符合国家卫生标准。生活服务用房应具有热水供应系统，并配置洗涤等设施。（7）社区养老服务驿站应具有采暖设施、空调设备，并有通风换气装置。	5.质量评价标准：（1）评价主体为社区养老服务驿站自我评价、服务对象评价、街道办事处（乡镇政府）评价和区民政、老龄部门委托的第三方社会机构评价。（2）评价指标包含服务流量、服务对象满意度、家属/监护人满意度、服务时间准确率、服务项目完成率、有效投诉结案率。（3）评价方法为意见征询（上门、电话、信件、网络）、实地察看、检查考核、服务信息和档案查询。（4）社区养老服务驿站根据评价过程中发现的问题与建议，及时改进，不断提高服务质量。

表 3-4　　　　　　　　　居家养老服务标准

日间照料服务	（1）利用驿站现有设施和资源，为社区内空巢或有需求的老年人提供日间托养，实施专业照护。（2）针对有特殊服务需求的老年人开展短期全托，短期全托时间原则上不得超过15天。（3）积极主动为有特殊服务需求的老年人提供生活照料服务，包括协助进食、协助排泄及如厕、协助移动、更换衣物、卧位护理，以及洗发、梳头、口腔清洁、洗脸、剃胡须、修剪指甲、洗手洗脚、沐浴等内容。（4）有条件的社区养老服务驿站，可接送需要日间照料的居家老人。（5）对于需长期托养的老年人，统一推介转送到附近的养老机构（照料中心）接受全托服务。
呼叫服务	（1）响应老年人通过互联网、物联网等网络手段或电话、可视网络等电子设备终端提出的养老服务需求，整合联系社会专业服务机构、服务资源和社区志愿者，为居家老年人提供专业化养老服务。（2）呼叫器、远红外感应器、网络终端、可视网络等智能呼叫网络设备应符合国家规定，质量完好，其功能应符合老年人的特点和需求。（3）驿站应主动公开服务电话，选派熟悉业务、服务能力强的人员接听电话，收集老年人服务需求。对于政策咨询类电话，尽可能第一时间给予解答。对于服务需求类电话，应认真做好记录，及时转相关部门或负责人办理。（4）对于老年人提出的助餐、助洁、助浴、助医、助行、代办等服务需求，由社区养老服务驿站转介或直接提供服务，按老年人要求排忧解难，做到高效便捷、收费合理。（5）驿站为老年人推荐的社会专业服务机构必须负责该服务的跟踪督导。承接服务的服务机构须是经民非或工商注册、管理规范、服务记录良好的服务机构。
助餐服务	（1）助餐主要分为集中用餐、分餐和上门送餐。（2）符合国家食品安全法律法规的规定和食品行业标准。（3）提供助餐服务应根据营养、卫生的要求、老年人需求、地域特点、民族、宗教习惯制定菜谱，为老年人提供营养丰富、全面合理的均衡饮食，做到荤素搭配、干稀搭配、粗细搭配合理，每周有食谱。（4）实行集中用餐的驿站，应在醒目处公示助餐服务时间、服务须知等，保持内外环境及餐桌整洁，餐具须每餐消毒一次。给予老年人充分的用餐时间，服务过程细致、周到、亲切；注意观察老年人用餐安全，发现异常及时处理。（5）分餐、送餐应及时，饮食应保温、保鲜、密闭、防止细菌滋生，提供符合保温、保鲜要求的设备及运输工具，保证及时、准确、安全地将餐饮送达。送餐时要注意核对老年人的姓名、菜品及数量，确定无误后签收，服务时礼貌、周到、细致。（6）提供餐饮加工服务应获得卫生许可证，助餐服务人员应身体健康，助餐服务可转介有相关资质的第三方提供。（7）提倡通过中央厨房方式开展助餐服务。

续表

健康指导	（1）设有护理站的社区养老服务驿站，应配备相应医务人员，为老年人提供医疗卫生服务。护理站配备的注册护士、康复治疗人员人数应当符合本市护理站审批有关要求。（2）不具备条件的，依托周边社区卫生服务机构开展健康服务，可与社区卫生服务机构家庭病床的设置与管理相结合；也可引入社会化专业机构，提供健康服务支持。（3）社区养老服务驿站至少依托医疗机构提供量血压、测血糖等基本医疗卫生服务，可依托专业机构或专业人员开展慢性病管理、常见病护理、翻身拍背、养生保健、用药指导等医疗护理服务。设有护理站的，可按照本市有关规定开展基础护理、专科护理、临终护理、消毒隔离技术指导、营养指导、社区康复指导、健康宣教等医疗护理服务。（4）社区养老服务驿站应定期组织专业人员举办健康知识及技能培训，加强老年健康教育，提供疾病预防、伤害预防、自救及自我保健等健康指导。（5）依托社区卫生服务机构、护理站或专业医生、护士为老年人提供定期体检、上门巡诊、家庭病床、社区护理、健康管理等服务。
文化娱乐	（1）协助老年人开展各种类型有益于身心健康的文化娱乐活动，内容包括组织书法、绘画、棋牌、唱歌、戏曲、趣味活动、益智游戏以及健身运动等。（2）驿站应制定相关管理制度规范，明确活动设施场所的开放时段、注意事项、服务保障措施，在不同时段安排适宜的活动方式，确保不影响老年人正常休息和身体健康。（3）所有活动遵守安全、自愿原则，满足老年人身体和精神健康的条件和需求。（4）活动场所宜由专人定期打扫清理，确保干净整洁。
心理慰藉	（1）驿站应及时掌握签约服务老年人的心理变化，满足老年人心理需要，促进老年人心理健康。（2）心理慰藉主要以陪同聊天、情绪安抚等形式开展。陪同聊天以老年人感兴趣的话题为切入点，多倾听，引导老年人倾诉，与老年人建立良好的信任关系，帮助消除不良情绪反应及孤独，满足老人情感慰藉和心灵交流需求。（3）心理慰藉服务应注意保护服务对象的隐私权。（4）心理慰藉服务的人员可由心理咨询师、社会工作师、医护人员或经验丰富的养老护理员担任。（5）要有危机处理的意识，制定相应的危机处理预案和程序。必要时可提供相关信息寻求专业支持，或转介专业服务机构提供服务。
助洁服务	（1）助洁主要包括整洁居室（客厅、卧室、厨房、卫生间）和清洁灶具。（2）门框：无尘土、触摸光滑、开关盒等表面洁净，玻璃目视无水痕、无污渍、光亮洁净。（3）地面：木地板洁净，瓷砖无尘土有光泽。（4）居室：地面无死角、无遗漏，洁具洁净光亮、无异味。（5）清洁灶具：无明显污渍、不锈钢灶具光亮洁净，必要的进行定期消毒处理。

续表

助浴服务	（1）助浴主要分为来站助浴和上门助浴。（2）助浴前应进行健康评估和安全提示，并做好相关安全措施。有条件的驿站，可派车将老年人接到驿站。（3）助浴过程中应注意观察老年人身体情况，如遇老年人身体不适，协助采取相应防护措施。（4）助浴时应根据四季气候状况和老年人居住条件，注意防寒保暖、防暑降温及浴室内通风。（5）上门助浴应与服务对象签订服务协议，并有2名工作人员在场。
助医服务	（1）协助监护人陪送老年人到医院就医或代为取药。（2）遵照医嘱，协助生活不能自理的老年人管理药品。（3）按照监护人要求提供约定内服务，必要时可提供相关信息或转介服务。
助行服务	（1）助行服务包括陪同户外散步、陪同外出。（2）助行服务一般在老年人住宅小区及周边区域内。（3）助行服务应注意途中安全。（4）使用助行器具时应按助行器具的使用说明进行操作。
代办服务	（1）根据老年人需求，提供代购、代领物品，代缴费用等服务。（2）服务范围包括为老年人代购生活必需品或陪同购物，代领各种物品，代缴水费、电费、煤气费、电话费等日常费用，服务人员应准确记录购买的品种，清点钱物，按照约定购物，做到当面清点并签字。（3）提供代办服务时应保护老年人的隐私，不向他人谈论老年人的家庭情况或钱物情况。
康复护理	（1）康复护理医疗服务应依托有资质的医疗机构进行。（2）康复护理应符合老年人的生理心理特点。（3）康复护理过程中应注意观察老年人的身体适应情况，防止损伤。（4）根据需要配备相应的康复设施设备。
法律咨询	转介有法律从业资质的律师或律师事务所提供咨询服务。

本章小结

本章重点梳理了20世纪八九十年代以来我国居家养老服务发展的政策沿革。从总体上看，大致可分为萌芽期（1983—1999年）、形成期（1999—2011年）和发展期（2012年至今）。

1.萌芽期。居家养老开始从家庭养老方式逐渐分离出来，人们开始意识到居家养老服务不同于家庭养老，在此期间初步形成了从中央到地方的老龄工作网络，社会化养老服务刚刚起步。

2. 形成期。在此期间"以居家为基础，社区为依托，机构为支撑/补充"的社会养老服务体系被明确提出，其中居家养老服务被认为是最为基础的养老服务方式，政策鼓励各地在设施建设和服务内容等方面进行探索。

3. 发展期。自党的十八大以来特别是2013年国务院35号文实施以来，居家养老越发被重视，并逐渐标准化、法制化。各地开始陆续出台《居家养老服务条例》《养老服务促进条例》等，民政部、财政部开始投入财政资金鼓励地方探索创新化的居家养老服务模式，目前已经在全国范围内评选出五批居家和社区养老服务试点，"互联网＋居家养老"、社区居家养老服务层面的医养结合等多元化居家养老服务开始发展。

第四章
居家养老服务的效益分析

居家养老是符合中国老年人养老观念的养老方式，居家养老服务为老年人居住在熟悉的家庭或社区内养老提供可能。从现阶段我国社会养老服务的发展来看，机构养老发展较早，目前对于机构养老服务的质量、效益研究相对较为完善，也出台了一系列提高养老机构服务质量的相关政策。但对于居家养老服务而言，其服务效益研究仍刚刚起步。

探讨居家养老服务的效益具有重要的理论和实践意涵。一方面，通过探讨居家养老服务的质量标准，有利于以老年人感受度为核心明确居家养老服务的质量评价指标，提高居家养老服务质量水平和老年人群的获得感；另一方面，通过探讨居家养老服务利用对于老年人及其家庭带来的影响，来反映当下发展居家养老服务的必要性。

本章首先从居家养老服务质量分析出发，探讨在理论层面如何衡量居家养老服务质量，为提高居家养老服务质量提供一定的定量指标；其次，利用全国性调查数据实证分析了居家养老服务特别是照料服务对家庭养老的影响，探讨社会化的养老服务会否减轻家庭养老负担；最后，本章将落脚点放在居家养老服务对老年人生活质量的影响上，即探究居家养老服务会否在一定程度上显著提高老年人的生活质量，为国家大力发展居家养老服务提供实证支撑。

第一节 居家养老服务的质量分析

现阶段我国对机构养老服务的质量评价有一套较为成熟的标准流程，例如近年来民政部、公安部、国家卫计委、质检总局、国家标准委、全国老龄办等多部门联合开展养老院服务质量建设专项行动，制定《养老机构服务质量基本规范》（GBT35796-2017），从咨询、膳食、生活照料、老年护理、协助医疗护理、医疗、康复保健、心理（精神）支持、安宁、休闲娱乐、教育、委托、环境卫生、洗涤、维修、通信等16个方面提出了服务的内容与质量要求。同时，还通过养老机构星级评价来体现养老机构的服务质量。然而，对于居家养老服务的质量标准，目前仅停留在学界讨论测量工具开发及居家养老服务质量模型构建的理论分析层面。本节重点从理论层面探讨居家养老服务的质量分析框架。

前文研究表明，居家养老服务具有一定的公共服务特征，但对于公共服务质量的测量由于人们需求多元化以及服务供给方式不确定等因素导致很难进行定量测量，直到"服务质量模型方法"诞生后，服务质量长期无法定量测量的困境开始被打破。服务质量模型由Parasuraman等人（1985）提出，他们认为"顾客感知服务质量的高低取决于服务过程中的顾客感觉与对服务质量的期望之间的差异程度"。该模型包括22个指标，归纳为可靠性、响应性、保证性、移情性和有形性。可靠性（Reliability）指准确可靠地履行所承诺的服务；响应性（Responsiveness）指愿意帮助顾客并迅速提高服务水平；保证性（Assurance）指服务表现出专业性、礼节性与可信性；移情性（Empathy）指为用户提供个性化服务；有形性（Tangibles）指拥有实际设施和服务人员等。通过这5个维度及期望感知形式（差距/满意度），为服务质量的测量提供了一个基本框架（章晓懿、刘帮成，2011）。该模型也称为SERVQUAL模型，即Service Quality的缩写，其核心是服务质量差距，

SERVQUAL 分数 = 实际感受分数 – 期望分数（宋凤轩等，2014）。

该方法最初在银行、零售业务、信用卡、维修中心等不同类型的服务中进行了验证性研究，证明其具有很好的信度和效度。服务质量模型不仅在营利性组织中获得了广泛的应用，在非营利性组织领域也进行了探索性的应用。如 Wisniewski 等（1996、2001）认为，服务质量模型同样适用于医疗服务组织、地方政府、警察、应急服务、政府中介等公共部门服务质量的评估。

有研究者认为，该模型也同样适用于居家养老服务，并以上海市为例，对上海市居家养老服务进行质量分析（章晓懿、刘帮成，2011）。总体而言，上海市居家养老服务包括四大类，即助餐服务、助洁服务、助医服务和康乐服务；服务质量模型包含五个维度，即可靠性、响应性、保证性、移情性和有形性。作者采用理论研究、文献查阅和专家调查法访谈专家后发现居家养老服务的有形性体现较差，因而对上述五个维度进行了微调，即包括可靠性、响应性、保证性、移情性和可感知性（表4-1）。也有研究者以河北省为例将居家养老服务分为助餐服务、保洁服务、医疗护理服务和精神慰藉服务四大类，将测评维度划分为有形性、可靠性、响应性、保证性和移情性五大类进行分析（表4-2）。一旦明确测量工具，后续就可对居家养老服务质量模型进行问卷调查与因子分析。

表 4-1　　居家养老服务质量维度设计：以上海市为例

测评维度	可靠性	保证性	响应性	可感知性	移情性
助餐服务	饭菜营养卫生良好	准时供应	助餐服务员态度和蔼有耐心	饭菜色香味感觉良好	根据老年人的不同情况配菜定价
助洁服务	服务员工作勤快	对助洁服务员信任	助洁服务员态度和蔼有耐心	衣物干净居室整洁	根据实际需求提供服务
助医服务	及时获得医疗服务	方便获得医疗服务	服务人员态度和蔼有耐心	诊断治疗有效果	根据老年人的情况制定方案定价
康乐服务	及时获得康乐服务	对服务人员信任	服务员态度和蔼与老人交流互动	服务员经过专业培训	符合老年人生理心理特点

资料来源：章晓懿、刘帮成：《社区居家养老服务质量模型研究——以上海市为例》，《中国人口科学》2011年第3期。

表 4-2　　居家养老服务质量维度设计：以河北省为例

测评维度	助餐服务	保洁服务	医疗护理	精神慰藉
有形性	环境卫生设施完善	保洁工具完备干净	有较专业的医疗器材和护理员	有完善的休闲娱乐设施
可靠性	提供饭菜营养可口	保洁效果好	医疗诊疗、护理正确有效	服务带来愉悦充实感
响应性	可以按时提供助餐服务	可以按时提供保洁服务	可以及时提供医疗服务	可以及时提供精神慰藉服务
保证性	服务人员礼貌、可信赖	服务人员礼貌、可信赖	服务人员礼貌、可信赖	服务人员礼貌、可信赖
移情性	根据不同需求个性化配菜定价	根据不同需求个性化服务	根据不同需求个性化服务	服务丰富可选择

资料来源：宋凤轩等：《基于SERVQUAL模型的城镇社区养老服务质量测评与提升对策》，《经济研究参考》2014年第52期。

第二节　社会化照料服务对家庭养老的影响[①]

本节以居家养老服务中的照料服务为核心探讨社会化的照料服务对家庭照料的影响。

中国老年人的养老方式正在经历最剧烈的变革（杜鹏，2016）。社会经济结构转型使得传统家庭养老单纯依靠家庭成员提供生活照料的方式难以为继，老年人预期寿命延长、对长期照护需求增加、子女外出流动以及妇女在有酬劳动力市场就业率的提升都对家庭成员的照料支持能力提出了极大挑战（陆杰华等，2018）。为帮助家庭成员缓解照料负担，近年来，在积极应对人口老龄化的道路上，政府出台了多项举措完善养老保障制度、构建社会养老服务体系，社会化照料在老年人照料方式中扮演越来越重要的角色。在此过程中，社会化养老在一定程度上减轻了家庭照料负担。拥有养老金的老年人通过购买社会化

[①] 资料来源：纪竞垚：《社会化照料会替代家庭照料吗？——基于CLHLS纵向数据的实证分析》《南方人口》，2020年第3期。

照料服务的方式减轻了对子女照料的依赖（王学义等，2013）。

但是，一味强调老年照料的社会责任，则有研究者担心社会化照料可能会降低家庭责任感，把家庭养老责任推给国家（刘一伟，2016）。为此，有学者提出要重新呼唤家庭养老，强调家庭作为养老的最终责任主体，仍然作为老年人长期照护的主要资源（刘燕，2014）。那么，两者的关系是什么？在新的时代背景下，随着时间的推移，家庭能够投入在老年照料上的时间是否随之减少了？如果家庭照料时间减少，老年人在无法自我照料的情况下势必会通过社会化照料来满足自身的照料需求，如此一来，社会化照料会否减少老年家庭照料时间？进而随着老年人长期照护需求的增加，社会化照料会否完全替代家庭照料？

对于上述问题的回答，具有明确的理论和政策意涵。一是，对于家庭照料时间变化趋势的探讨为现阶段家庭养老和社会养老关系的探索提供实证前提，即从实证层面探讨家庭养老功能变化的事实基础。二是，验证近年来我国大力发展社会养老服务、长期照护体系等是否可以在一定程度上减轻家庭照料负担、减少家庭照料时间，是对社会化照料效果的评估。三是，随着老年人健康状况的下降，对于长期照护需求越发强烈，社会化照料能否持续减轻家庭照料负担，最终完全替代家庭，是对社会化照料体系发展方向的探索。

以往对于家庭和社会养老关系的研究大多基于西方社会情境，少数国内研究大多局限于经济层面，即探讨代际经济支持与社会养老保障之间的关系（汪润泉，2016；胡宏伟等，2012），且由于内生性问题使得研究成果并不一致（Sasso A.T.L. et al., 2002）。本研究的主要贡献在于：首先，利用全国性纵向追踪数据在照料服务层面分析家庭照料功能的变化趋势，回应家庭养老功能日渐式微的理论假说。其次，运用多层线性模型探讨社会化照料对家庭照料时间的净影响，通过纵向数据处理内生性问题，并在中国语境下回应社会化照料对家庭照料影响的理论假说，为完善发展现阶段家庭福利政策提供实证支撑。

一 概念界定

（一）家庭照料

目前老年人最为普遍的照料方式是家庭照料（陆杰华等，2018）。家庭照料主要由家庭亲属提供照料服务。亲属支持网络包括配偶、子女、兄弟姐妹及其他亲属等。其中，子女和配偶往往是家庭照料的主要照料者（杜鹏，2013），其主要为老年人提供非技术性支持，如帮助做家务、协助吃饭、穿衣等，且这些支持往往具有及时性，且可以个性化地满足老年人的自身需求。同时，与社会化照料相比，家庭照料更强调情绪支持，注重家庭成员长期的承诺，并用爱和责任激发家庭成员。在照料内容方面，家庭照料主要涉及老年人日常生活基本活动的照料，包括吃饭、穿衣、上下楼、室内行走、如厕、洗澡。在本研究中，将家庭照料界定为由家庭成员作为主要照料者，为老年人提供日常生活基本活动照料。

家庭照料强度体现了家庭在老年照料方面的投入和负担，通常可以用家庭照料时间来表示（周云等，2015；顾大男等，2007；战捷，2004）。在很多情况下，中国成年子女照料老年人是以自己不工作或减少工作时间来实现的，当家中子女较少时，子女照料父母的机会成本会大大增加（蒋承等，2009）。为此，本研究将家庭照料聚焦于家庭成员对于老年人的照料强度，具体表现为家庭照料时间，家庭照料时间越长，家庭照料投入的强度越大。

（二）社会化照料

社会化照料是伴随着社会养老服务而产生的照料形式。其与家庭照料相对，是由家庭以外的其他主体（如政府、社会组织、机构等与被照料者无孝道责任、情感关联的主体）（吕宝静，2001）提供有组织的照料服务。如政府、养老机构、社区养老驿站等提供的日间照料服务、居家照料服务等。社会化照料具有任务取向、只在特定时间内提供服务、高度专业化以及付费性特征（刘欣，2014；Travis Shirley S.，1995）。其通常依据科层制运作，强调成员的技术性且以提供服务为主要目标。

目前，研究者大多将社会化照料分为机构式照料（Institutional-based）、社区式照料（Community-based）和居家式照料（Home-based）。机构式照料主要为老年人提供中重度护理服务、住宿、急性医疗、安宁照护等，国外也有一些退休老人社区、老人公寓等（Continuing Care Retirement Community, CCRC）提供膳食住宿服务。社区式照料主要为老年人提供日间照料、志愿服务、社区健康门诊服务、老年餐桌服务等。居家式照料主要包括家政服务、送餐服务、呼叫服务等。在本研究中，将社会化照料界定为老年人采取机构养老或者主要接受保姆、社会组织等照料。[①]

二 理论模型与研究假设

伴随着现代社会转型，生育率的下降使得家庭规模缩小，家庭结构也逐渐核心化，"养子防老"有心无力。而且，受东亚社会传统性别观念的影响，过去大部分的照料服务是由女性（特别是儿媳）在家庭内部以无酬劳动的形式提供的，照料活动被看作是女性的"天然职责"（Hanaoka C. et al., 2008）。而如今，随着女性受教育程度的提高和人口流动性的增强，妇女在有酬劳动领域的参与增加，随之则降低了妇女提供无偿照料的意愿和可行性，由此带来家庭照料资源减少（沈尤佳，2014）。为此，本研究做出假设1：

假设1：随着时间的推移，家庭照料时间呈下降趋势。

由于家庭照料资源不断减少，许多照料服务不可避免地商品化，社会化照料趋势已成为全球现象。而且中国近年来社会养老服务体系不断发展，政府也在通过社会化照料的方式帮助家庭实现顺利养老（杜鹏等，2017），在此过程中，一些研究聚焦于社会化照料和家庭照料关系的讨论。现有文献中，有关社会化照料和家庭照料关系的理论模式大致可以分为两类：一类理论认为，社会化照料可以替代家庭照料、减

[①] 受制于调查数据，社会化照料中并未完全剔除机构照料的部分，但机构照料比例较小，故与保姆、社会组织等照料合并处理。总体而言，可大体反映社会化的养老服务对家庭养老的影响。

少家庭照料时间，减轻家庭照料负担，称之为替代模式。另一类理论认为，社会化照料并不会减少家庭的照料时间，两者或如两条平行线，各自分工、互不影响，称之为分工模式；或者社会化照料反而会在一定程度上促进家庭成员提供照料，称之为补充模式。具体而言：

Cantor 和 Little（1985）提出了替代模式（Hierarchical Compensatory Model）（Cantor et al., 1985）。替代模式认为，家庭照料（特别是配偶和子女）是社会支持的核心，其次是朋友和邻居，最后才是社会化照料。这类似一种角色介入的差序格局，即老年人对于照料的选择呈现一个有顺序的层级过程。当有日常照料需求时，老年人普遍会首先寻求家人的帮助，家庭日常照料对社会化长期照护具有显著的替代作用（Hanaoka C. et al., 2008），除非家人无法提供照料时，会求助社会化照料进行替代。同时，越多的社会化照料则会导致家庭成员越少参与照料活动。一些研究结论支持了替代模式假说，认为若老年人的配偶和子女是老年人的主要照料者，其替代了社会化照料（Penning M. J., 1990; Chappell N. et al., 1991），反之，老年人照料中心和助餐服务可替代家庭照料功能（刘一伟，2016）。这种互相替代的机制在于，由于老年人对子女孝顺的感知导致了更好的心理保护，家庭照料功能的发挥挤出了制度性医疗保障，从而减少了对医生及照护人员的依赖（Li Y. et al., 2011）。此外，拥有养老金的老年人通过购买社会化照料服务的方式减轻了对子女照料的依赖，且养老保障制度降低了居民选择居家养老的概率（王学义等，2013；刘燕，2014）。当然，也有研究进一步区分了照料的类型或内容以分析社会化照料类型或内容的差异对于家庭照料的相互影响不同。研究表明，机构照料替代了家庭照料，逐渐成为缓解家庭照料负担的主要途径；反之，家庭照料对老年人社区居家照护等技术性、专业性相对较低的照护方式具有替代作用（Bremer P. et al., 2017; Bonsang E., 2009; Bolin K. et al., 2008），但对于涉及医疗服务（Outpatient Surgery）等专业性相对较高的照护服务是补充作用（Van Houtven et al., 2004）。

虽然这种替代效应是相互的，但由于本研究主要关注社会化照料对家庭照料的影响，故根据替代模式，本研究提出研究假设2：

假设2：社会化照料会减少家庭照料时间。

替代模式提出后，有学者通过实证研究并不完全认同替代模式的理论假说，因此分工模式和补充模式也相继提出，两者都认为社会化照料不会减少家庭照料时间（Getzel G. S., 1986；Stoller E. P., 1989），但在具体分析时，两种理论模式的分析视角有所差异。具体而言，分工模式（Task Specific Model）认为两者之间的关系是互相分担功能（Shared Functions）。家庭照料适合从事无法预测的、技术性较低的服务，而社会化照料体系则可以处理例行性的、需要技术支撑的工作。例如，在处理不可预测事件（如老人突然夜间发病）时，必须有人察觉老人异状并立即将老年人送往医院。而此时，初级团体所具有的小规模、持续性、邻近性等特征优于社会化照料体系所强调的科层制的运作模式。所以，分工模式更加强调照料体系中的各个要素之间是基于不同的结构特性而提供具有差异性的照料服务项目，整个照料体系中各要素形成合理的分工（周云等，2015）。即是说，分工模式认为，家庭照料与社会化照料之间类似两条平行轨道，各司其职、各负其责。

然而，也有研究表明，老年人虽然接受了正式部门的服务，但家庭照料者依旧提供相应的照料服务（Bremer P. et al., 2017）。为此，补充模式（Supplementary Model）应运而生。该模式认为家庭照料与社会化照料对于所有照料任务共同分担，社会化照料（特别是居家照料服务）往往为老年人的家庭照料提供补充，老年人使用社会化照料服务并不会减少家庭照料（Christianson J. B., 1988）。而且，社会养老具有显著的教育效应，个体参与社会养老制度的行为促使子女认识到养老的重要性，反而会导致子女提供市场缺失的照料服务或增加老年人与子女同住的概率（Sasso A. T. L, 2002；Langa K. M. et al., 2001）。由此，本研究提出假设3：

假设3：社会化照料并不会减少家庭照料时间。假设3和假设2是对立性假说。

通过进一步分析分工模式和补充模式可以发现，两种模式的主要分歧在于社会化照料与家庭照料的内容是否共同分担。分工模式认为两者家庭照料内容不同，各自分工，具有结构性差异；而补充模式则认为两者的照料内容共同分担，社会化照料是家庭照料的补充。对于照料内容差异的根源是老年人的健康状况（杜鹏，2013；张文娟等，2014；Van Houtven C. H. et al., 2004）。当老年人健康状况较差、失能程度较高时，社会化照料专业性介入更强，与家庭照料之间更可能存在分工差异，两者各有分工，社会化照料对家庭照料时间的影响（或替代或补充）效应下降。反之，当老年人能够自理或失能程度较轻时，所需分工明确的专业性社会化照料的可能性较低，社会化照料与家庭照料的分工程度可能并不高，两者通常会交织在一起，社会化照料对家庭照料时间的影响可能较大。为此，老年人的健康状况则可能成为重要的调节变量。因此，提出假设4：

假设4：社会化照料对家庭照料时间的影响受老年人健康状况的影响。老年人的健康状况越差，两者越趋向于分工，社会化照料对家庭照料时间的影响越小。

当然，社会化照料与家庭照料是互相影响的。也有研究表明，家庭照料的提供会在一定程度上减少老年人使用社会化照料的可能性（Langa K. M. et al., 2001），但也有研究持相反观点，认为两者之间互为补充，享有家庭照料的老年人也会同时利用社会化照料（Liu K. et al., 2000）。但由于近年来中国的政策导向着力发挥社会化照料的作用，本研究便将关注点聚焦于社会化照料对家庭照料时间的影响，并在数据分析时运用纵向数据控制互为因果造成的内生性问题。

三 数据与方法

本研究利用中国老年人健康长寿影响因素调查（CLHLS）2008年、2011年和2014年三期纵向调查数据探讨社会化照料对家庭照料的影响。该数据是目前国内有关老年照料的质量较高、样本量较大的高龄老年人追踪调查数据。该调查是严格意义上的纵向追踪调查，涵盖了全国23个省，追踪调查具有连续性和不同调查时点的可比性。2008年调查对象为11496人，2011年为10188人，2014年为7192人。由于本研究主要探究老年人社会化照料对家庭照料的影响，因此需要大量需要日常照料的老年人样本，而本研究的高龄样本比例较高，因此更符合本研究的需求。剔除缺失样本后，本研究的样本量为8879人，观测组别为7367人。

（1）因变量。本研究的因变量是家庭成员对老年人日常活动的照料时间。在问卷中表示为"近一个星期以来，您的子女/孙子女及其他亲属为您提供日常照料帮助的总小时数有多少？"考虑到计算方便，后文回归分析时将家庭照料时间做了对数化处理。

（2）自变量。文中所关心的主要自变量为社会化照料，在本研究中操作化为入住养老机构的老年人以及接受非家庭成员，如保姆、社会组织等主要照料的老年群体。其次，为考察健康状况的调节变量，根据周云（2015）的研究，本研究用老年人的ADL和IADL得分来表示老年人的健康状况。其中，ADL得分是对6项ADL活动情况得分的加总，本研究将"完全不需要帮助，可以自理"赋值为0分，部分需要帮助赋值为1分，需要较多帮助赋值为2分，得到0—12分值。同理，IADL则得到0—16分值。分数越高表示老年人健康状况越差。

（3）控制变量。其他控制变量的选择依据已有研究（杜鹏，2013；Bonsang E., 2009）以及调查数据的可及性可分为老年人社会经济特征（性别、年龄、居住地、健康状况、经济状况）和家庭照料资源（婚姻状况、居住安排、子女数、儿子数量）。其中，老年人经济状况用主观经济自评和有无社会保障来测量。所有相关变量的描述性统计结果详见表4-3。

表4-3　　　　　　　　　调查对象基本情况

变量	变量含义	百分比/均值（标准差）
性别（女性）	男性	42.77
年龄	单位：岁	86.17（11.44）
居住地（农村）	城市	45.31
同住人数	单位：人	2.67（1.89）
子女数	单位：人	4.36（2.16）
男孩数量	单位：人	2.36（1.43）
婚姻状况（无配偶）	有配偶	33.81
健康状况（差）	一般	36.22
	好	46.94
ADL失能程度得分	单位：分	1.08（2.51）
IADL得分	单位：分	5.84（6.12）

续表

变量	变量含义	百分比/均值（标准差）
社会化照料（无）	有	4.83
社会保障（无）	有	83.99
经济自评状况（差）	好	14.99
	一般	68.37
Ln（家庭照料时间+1）	单位：小时	3.17（1.23）

注：括号内为参照类。

资料来源：根据CLHLS 2008年、2011年和2014年调查数据计算得来。

多层线性模型（HLM）是分析纵向追踪数据的重要方法之一（巫锡炜，2011）。运用多层线性模型族中的无条件平均模型和无条件增长模型可以首先帮助我们知晓随着时间的推移，家庭照料时间是如何变化的，以此检验假说1。因为无条件平均模型各层均未纳入任何自变量，其主要目的在于分解因变量的变异，而无条件增长模型则是在因变量分解的基础上考察了造成这种变异的时间作用，即将时间作为一层来进行考量。具体而言：

无条件平均模型（空模型）表示为：

层-1 模型：$Y = \beta_{0j} + e_{ij}$ （1）

层-2 模型：$\beta_{0j} = \gamma_{00} + \mu_{0j}$ （2）

将（2）代入（1）得到无条件平均模型：

$$Y = \gamma_{00} + \mu_{0j} + e_{ij} \quad (3)$$

Y表示因变量家庭照料时间，在层1和层2上未纳入任何自变量，e_{ij}和μ_{0j}分别表示个体内和个体间差异。

无条件增长模型表示为：

层-1 模型：$Y = \beta_{0j} + \beta_{1j}YEAR + e_{ij}$ （4）

层-2 模型：$\beta_{0j} = \gamma_{00} + \mu_{0i}$ （5）

$\beta_{1j} = \gamma_{10} + \mu_{1i}$ （6）

将（5）和（6）代入（4）得到无条件增长模型：

$$Y = \gamma_{00} + \gamma_{10}YEAR + (\mu_{0i} + \mu_{1i}YEAR + e_{ij}) \quad (7)$$

其在无条件平均模型的基础上在层1加入了时间变量，用于探究因变量随时间的变化程度。组合模型中 γ_{00} 是截距，γ_{10} 是时间的影响系数，括号内 $\mu_{0i}+\mu_{1i}YEAR+e_{ij}$ 表示随机误差。

其次，在进一步探讨社会化照料的介入对家庭照料时间的影响时，则可以在无条件平均模型和无条件增长模型的基础上运用随机截距模型，检验 H2—H4。因为本研究假设重点关注平均照料时长的变化情况，而非关注社会化照料对家庭照料时间的影响是如何随时间变化的，故本研究只在截距上纳入自变量，即构建随机截距模型。

随机截距模型表示为：

层 –1 模型：$Y = \beta_{0j}+\beta_{1j}YEAR+e_{ij}$ （8）

层 –2 模型：$\beta_{0j} = \gamma_{00}+\gamma_{01}formal+\gamma_{02}X+\mu_{0i}$ （9）

$\beta_{1j} = \gamma_{10}+\mu_{1i}$ （10）

将（9）和（10）代入（8）得到随机截距模型：

$Y = \gamma_{00}+\gamma_{01}formal+\gamma_{02}X+\gamma_{10}YEAR+(\mu_{0i}+\mu_{1i}YEAR+e_{ij})$ （11）

随机截距模型中，$formal$ 表示社会化照料相关变量，X 表示其他控制变量，括号前面方程式为固定效应，括号内 $\mu_{0i}+\mu_{1i}YEAR+e_{ij}$ 表示随机效应。

四　家庭照料的事实特征

总体而言，家庭照料仍然是目前老年人照料的主要方式。数据显示，2014 年有 92.14% 需要照料的老年人其主要照料者是家庭成员。在家庭照料时间方面，平均每周家庭照料时长为 45.15 小时，即平均每天照料 6.45 小时。

老年人的家庭照料时间存在年龄和健康状况差异（$p = 0.000 < 0.05$）。年龄越大的老年人，健康状况越差，照料时间越长。图 4-1 显示了不同年龄组老年人家庭照料时间分布，可以明显看出，随着年龄的增加，老年人的家庭照料时间不断增加，90 岁及以上老年人的平均家庭照料时间是 65—69 岁年龄组的 2 倍以上。同样，图 4-2 显示了不同 ADL 和 IADL 的老年人平均每周家庭照料时间，可以看出，健康状况越差的老年人，家庭照料时间越长，ADL 得分为 1 分（即有 1 项 ADL 活动需

要帮助)的老年人,其平均每周家庭照料时间为32.01小时,而对于ADL得分为12分(即每一项ADL都需要他人提供较多帮助)的老年人,每周照料时长为101.46小时,超过全职劳动者每周工作时长的2倍。

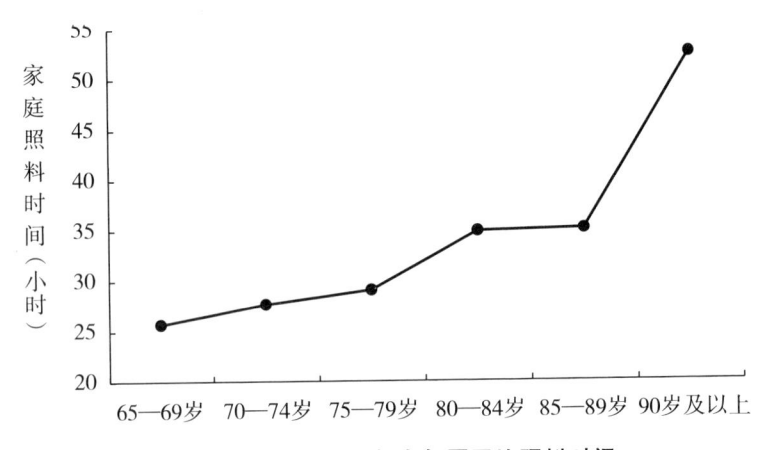

图4-1 不同年龄老年人每周平均照料时间

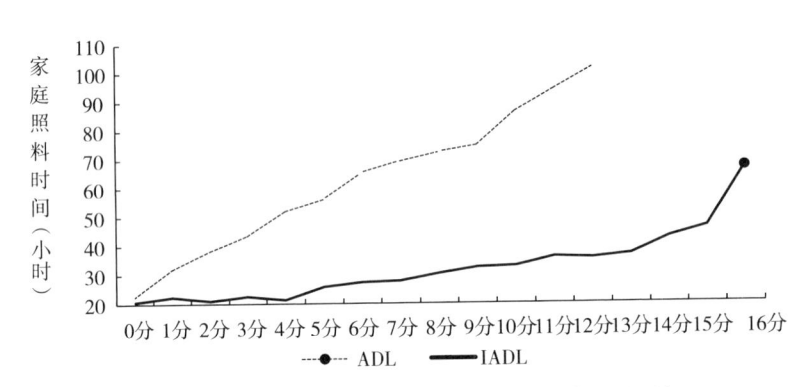

图4-2 不同健康状况老年人每周平均家庭照料时间

资料来源:根据CLHLS 2008年、2011年和2014年调查数据计算得来。

分队列来看,出生队列越晚的老年群体,其每周提供的平均家庭照料时间越多,同时随着时间的推移,每个出生队列的老年人,其家庭提供的照料时间在逐渐降低(图4-3)。例如,1928年以前出生队列的老年人在2008年每周平均家庭照料时间为49.17小时,而到2014年,家庭为该队列群体提供的照料时间减少至41.42小时。从一定程度上反映了随着时间的推移,家庭成员提供照料时间减少的趋势。

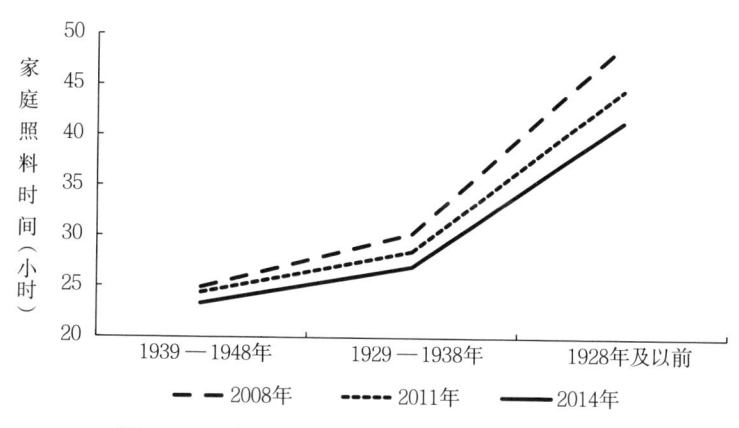

图4-3 不同队列老年人每周平均家庭照料时间

从纵向来看，也可以看出，同一老年群体随着时间的推移，家庭照料时间随之减少。模型1是无条件平均模型，结果显示，不同时间点上个体内变异为0.25，与时间无关的个体间变异为1.26。通过计算组内相关系数ICC[①]可知，ICC为83.71%，即家庭照料时间总变异中83.71%来自个体间差异。

接下来，我们继续探究时间的作用，即家庭照料时间是如何随着时间的推移而变化的。模型2是无条件增长模型，层1只包含时间变量（year）做自变量，层2未纳入任何自变量，其可以帮助估计基准变化率。结果显示，随着时间的推移，家庭照料时间在减少（$p<0.05$），平均的真实变化率为-0.55和-0.51。通过比较模型1和模型2可知，个体内变化率由0.25减少至0.15，也就是说家庭照料时间上38.78%的个体内变异与时间线性形式有关。故假设1得以验证，即随着时间的推移，家庭照料时间呈下降趋势。

五 社会化照料对家庭照料的影响

通过模型1、模型2可知，两个方程p值显著说明因变量上有值得探究的系统性变异，为后续模型纳入与研究假设相关自变量（社会化

[①] ICC为组内相关系数，比较方差成分的相对量，通过估计因变量总方差中源于个体之间的部分所占比例得到。

照料、健康状况）及控制变量提供了模型建构的基础。模型3在层2纳入了社会化照料变量。结果显示，在不纳入其他变量的情况下，老年人社会化照料的使用显著影响家庭照料时间。使用社会化照料的老年人，其家庭照料时间显著降低，社会化照料似乎代替了家庭照料。在此，我们暂且证实了假说2，认为社会化照料减少了家庭照料时间。然而，这种替代效应是否存在条件性，以及在控制其他变量的情况下，这种替代效应是否存在仍值得进一步探究，我们需要进一步纳入其他变量来检验这种替代效应的稳健性。

模型4纳入了健康状况的调节效应。结果显示，健康状况较差的老年人家庭照料时间显著增加。在加入了ADL和IADL与社会化照料的交互项之后，社会化照料对于家庭照料时间的影响变得不显著，但是老年人基本日常生活能力（ADL）与社会化照料的交互项显著为负，说明社会化照料对于家庭照料时间的影响确实受老年人健康状况的调节，特别是ADL的影响。老年人失能状况越严重，社会化照料对于家庭照料时间的影响越小，即是说，当老年人失能程度较轻时，社会化照料可以更多地减少家庭照料时间，但当失能程度较严重时，社会化照料的影响效应下降，所以，社会化照料并不能完全取代家庭照料。为了进一步检验交互项的显著性，模型5加入了其他控制变量，结果仍然表明，在控制其他变量的情况下，老年人的健康状况显著调节了社会化照料对家庭照料时间的影响，由此，则证实了研究假说4，即社会化照料对家庭照料时间的影响受老年人健康状况的影响。老年人的健康状况越差，社会化照料对家庭照料时间的影响越小。而且，通过比较4个模型的最小信息量准则AIC（Akaike Information Criterion）和贝叶斯信息准则BIC（Bayesian Information Criterions），可以看到，模型4有相对较小的AIC值和BIC值，故选择该模型作为完整模型。通过模型4也进一步证实了假说1，即随着时间的推移，家庭照料时间呈下降趋势。以上随机截距模型结果皆为显著，即模型可以较好地拟合数据（表4-4）。

表 4-4 家庭照料时间的回归分析模型

	模型 1 β	模型 1 标准误	模型 2 β	模型 2 标准误	模型 3 β	模型 3 标准误	模型 4 β	模型 4 标准误	模型 5 β	模型 5 标准误
固定效应										
时间（2008 年）										
2011 年			−0.546***	0.028	−0.378***	0.313	−0.123***	0.029	−0.133***	0.033
2014 年			−0.511***	0.034	−0.259***	0.039	−0.151	0.037	−0.105**	0.041
社会化照料（无）										
有					−0.244***	0.055	−0.112	0.143	0.216	0.206
ADL							0.122***	0.004	0.121***	0.005
IADL							0.04***	0.003	0.034**	0.004
社会化照料*ADL							−0.077***	0.016	−0.095***	0.021
社会化照料*IADL							0.009	0.013	0.016	0.017
社会保障（无）										
有									−0.029	0.037
经济自评（好）										
一般									−0.068*	0.04
差									0.001	0.025
年龄									0.007***	0.002
性别（女）										
男									0.027	0.032

续表

	模型 1		模型 2		模型 3		模型 4		模型 5	
	β	标准误	β	标准误	β	标准误	β	标准误	β	标准误
居住地（农村）										
城市									0.109***	0.029
居住人数									-0.014*	0.008
婚姻状况（无配偶）										
有配偶									-0.092**	0.043
子女数									0.002	0.009
儿子数									-0.01	0.013
截距	3.168***	-0.013	3.494***	0.02	3.514***	0.021	2.411***	0.043	1.956***	0.183
随机效应										
var(_cons)	0.245***	0.035	0.15***	0.032	0.154***	0.039	0.089*	0.032	0.049*	0.037
var(Residual)	1.259***	0.038	1.282***	0.036	1.279***	0.043	1.055***	0.036	1.065	0.041
观测值	8879		8879		7074		6981		5886	
观察组别	7367		7367		6023		5964		5107	
AIC	28784.03		28380.89		22623.53		20763.86		17378.17	
BIC	28805.3		28416.35		22664.72		20832.37		17511.78	

注：*p<0.1，**p<0.05，***p<0.01。

资料来源：根据CLHLS 2008年、2011年和2014年调查数据计算得来。

本研究利用全国性纵向追踪调查数据探究了社会化照料对家庭照料时间的影响。结果显示，随着时间的推移，家庭照料时间呈下降趋势，表明家庭养老功能确实伴随着社会转型有弱化趋势。而近年来，社会养老服务体系的大力发展为化解养老照料风险提供了更多的选择，社会化照料也逐渐成为帮助家庭减轻照料负担的重要途径，而且，研究也证实了社会化照料可以减少家庭照料时间。

然而，值得注意的是，虽然社会化照料可以在一定程度上减少家庭照料时间，进而减轻家庭成员的照料负担，但当老年群体健康状况越来越差时，社会化照料对家庭照料时间的降低效应随之减弱，家庭并不能完全依赖社会化照料，即是说，社会化照料不会完全替代家庭照料，家庭照料仍是老年人长期照护的重要资源。这对于反思目前社会化照料和家庭照料的关系非常具有启发性。就家庭本身而言，随着家庭规模和结构小型化和核心化，家庭本身越来越脆弱和充满风险，家庭自身所要承担的责任越来越重。家国同构的治理逻辑造成家庭定位存在制度上的缺陷（吴小英，2012）。为此，现代社会则更多地强调养老保障制度建设、构建社会化养老服务体系、提升机构养老服务质量和标准等措施，将养老服务社会化和制度化。从发展现状来看，这个方向是历史的进步，但我们很少甚至没有看到对家庭养老功能的呼唤（汪润泉，2016），这种呼唤家庭养老功能的回归并非是要回到依靠传统家庭养老阶段，而是如何通过社会家庭政策进一步扩展和深化家庭养老功能，帮助家庭适应新时代的养老需求。

事实上，美国社会学家利特瓦克在20世纪60年代提出了家庭和政府养老主体之间"平衡协调论"的观点，认为正式的照料体系和非社会化照料体系之间是互动交换的过程。政府不能完全替代家庭养老功能，社会化养老服务体系建设并非是为了替代家庭养老功能，而是为了帮助和支持家庭实现养老功能的发挥。为此，在构建社会化的养老服务体系的过程中，应反思现有家庭福利政策的"去家庭化"（De-familization）特征，即将社会福利直接供给到个人而非家庭，其可能削弱了家庭功能，对家庭支持非常有限（张秀兰等，2003），而应通过支持家庭，帮助家庭恢复自身的福利供给和保障功能（陈卫民，2012），同时适应家庭的变化，完善以家庭为单位的制度设计，强化对照料人员的政策支持，增强家庭功能（陈卫民，2012）。特别是对于失能程度较高、生活不能自理的老年人而言，子女的照料责任更加突出，应重点针对该类人群，通过在政策层面支持家庭照料者，在实践层面构建综合性的社会养老服务平台，将家庭照料和社会化照料结合起来。

第三节 居家养老服务对老年人生活质量的影响[①]

本节重点从老年人服务利用的视角关注当居家养老服务介入到老年人的日常生活照料时，对其生活满意度和生活质量的影响。

老年人的生活满意度是老年人对其生活状况的总体评价（Caspi A. et al.,1986），是衡量生活质量的一个重要评价指标，也是对主观幸福感的一种度量指标（李建新、刘保中，2015；曾毅、顾大男，2002；张文娟、纪竞垚，2018）。居家养老服务的介入不仅影响着家庭养老，发展居家养老服务最终的落脚点仍在于提高老年群体的福祉。所以，在讨论居家养老服务的介入效果时，首先讨论居家养老服务对老年人主观总体生活状况评价——生活满意度的影响。其次，由于生活满意度是生活质量的衡量指标之一，即生活质量既包括客观评价指标，也包括主观评价指标（其中包括生活满意度），故生活质量是一个综合性更强的指标。所以在探究居家养老服务对老年人生活满意度影响的基础上，进一步探讨了居家养老服务对老年人生活质量的影响，以此为落脚点厘清居家养老服务介入家庭后的效果。

[①] 纪竞垚：《社会照料对中国居家老年人家庭照料的影响研究》，中国人民大学博士论文，2019年6月；纪竞垚：《社会化照料会替代家庭照料吗？——基于CLHLS纵向数据的实证分析》，《南方人口》，2020年第3期。

一 数据与方法

（一）数据来源

考虑到样本的代表性、权威性和实效性，本研究利用中国老年社会追踪调查（China Logitudinal ageing Social Survey, CLASS）2016年调查数据（简称"CLASS 2016"）。CLASS调查是一个全国性、连续性的大型社会调查项目，由中国人民大学人口与发展研究中心、中国人民大学老年学研究所设计执行。

该数据对于中国的居家老年人具有比较好的代表性，且数据质量较高，具有一定的国际影响力，目前有越来越多的高质量研究利用了CLASS数据，其相对于中国健康与养老追踪调查（China Health and Retirement Longitudinal Study, CHARLS）以及针对高龄老年人的中国老年健康影响因素跟踪调查（The Chinese Longitudinal Healthy Longevity Survey, CLHLS）等中国大型老年调查而言，更加强调老年人的社会特征，对于老年人社区居家养老服务需求、利用等相关议题更为关注，是目前国内不可多得的高质量调查数据。CLASS项目在2014年开展了第一次全国范围的基线调查，2016年是基线调查之后的第一次全国范围跟踪调查。考虑到调查的时效性，本研究主要利用中国老年社会追踪调查（CLASS）2016年调查数据。

CLASS采用分层多阶段的概率抽样方法，调查对象为年满60周岁的中国公民。本次调查的对象共有3种：一是原存活老人，指2014年调查过的目前仍存活的老年人，按照所提供的跟访名单进行入户跟踪调查。二是给定年龄、性别的新增补老人。新增补的老年人替代2014年接受调查，但在调查时由于已经去世、迁移、失联等原因而无法继续跟踪访问的老年人。具体替代方法是：在该死亡、迁移的老人所在调查点，按照抽样框重新随机抽样，等量增补老年人进行调查。三是死亡老人。对2014年调查过但本次调查时已死亡的老年人，入户填写《中国老年社会追踪调查死亡问卷》。

项目调查范围覆盖全国30个省/自治区/直辖市共476个村/居委会。本研究所涉及的样本为原存活老人和新增补老人的个人问卷中的调查样本，总样本量为 11494 人（表 4-5）。

表 4-5　　　　　　　　　样本基本情况（N=11494）

变量	变量含义	百分比/均值（标准差）
性别	男性	50.81
	女性	49.19
年龄	单位：岁	70.20（7.57）
年龄组	60—69 岁	53.92
	70—79 岁	32.74
	80 岁及以上	13.34
居住地	城市	58.61
	农村	41.39
受教育程度	文盲	28.17
	私塾/小学	47.32
	初中	12.01
	高中及以上	12.50
同住人数	单位：人	2.72（1.29）
婚姻状况	有配偶	70.98
	无配偶	29.02
健康自评	好	45.78
	一般	35.44
	差	18.78

资料来源：中国老年社会追踪调查（CLASS）2016年，下同。

（二）变量的测量

CLASS 2016 数据中，对居家老年人的生活满意度进行了测量，用"总的来说，您对目前的生活感到满意吗？"表示。回答包括"很满意""比较满意""一般""比较不满意"和"很不满意"5 类，分别赋分 5—1 分，分数越高表示生活满意度越高。根据以往研究经验（张文娟、纪竞垚，2018），本研究将生活满意度作为连续变量处理。

通过上文对老年人生活质量相关研究的回顾以及研究方法的论述可知，老年人的生活质量是一个综合性指标，既包括客观维度的经济、健康、生活环境等状况，也包括老年人主观对生活的总体评价。为测量居家老年人生活质量这一综合性指标，本研究结合数据可得性并主要借鉴石智雷（2015）和孙鹃娟（2018）[①]的研究中关于老年人生活质量的界定和操作化，将老年人的生活质量界定为在一定时期内老年人的健康状况、经济水平、居住环境等的总和，各个维度共同反映老年人的生活质量。故为了综合考察老年人的生活质量，本研究欲通过健康状况、经济状况和居住环境3个维度来构建原始变量体系。

（1）根据WHO的相关定义，健康状况包括老年人的身体健康、心理健康和社会适应。

身体健康包括老年人客观身体失能情况和患有慢性疾病状况，也包括老年人的主观健康自评（张文娟、王东京，2018）。数据显示，中国居家老年人中有61.74%的老年人无论在ADL还是IADL方面都能完全自理；但仍有38.26%的老年人存在ADL失能或IADL功能低下或功能障碍。在慢性病患病情况方面，有56.82%的老年人自报患有至少1种慢性疾病。有45.78%的老年人认为自己处于健康状态，但仍有18.78%的老年人认为自己健康状况较差。

心理健康包括老年人的认知状况、抑郁情绪以及其主观生活满意度评价（靳永爱等，2017；江克忠、陈友华，2016）。其中，认知能力是老年人日常生活所必备的能力之一，也是心理健康的重要指标（杜鹏，2006），老年人认知功能的下降甚至损伤将给生活带来不便，影响生活质量，并且导致照料难度的增加。本调查用5道简单的常识问题、计算和回忆来反映老年人的认知能力，总分16分，低于5分被认为认知能力低下。总体来看，有5.72%的老年人处于认知能力低下状态，如果将其作为连续变量考察，平均得分为12.44分，总体认知能力较好。此外，CLASS 2016调查通过询问老年人在过去一周内的感受测量抑郁水平，即抑郁量表，包括"过去一周您觉得自己心情很好吗？""过去一周您觉得心里难过吗？""过去一周您睡眠不好吗""过去一周您觉

[①] 本研究关于老年人生活质量指标测量也借鉴孙鹃娟教授在2018年第14届中国老年学学科建设研讨会上所做的关于CLASS数据的学术报告。

得不想吃东西吗？"等9个问题，回答为3个程度"没有""有时"和"经常"。通过反置相关问题将各指标赋值的方向统一，得到9—27分得分，分值越高表示抑郁程度越低。数据显示，老年人平均抑郁得分为20.67分，比中位得分18分高，说明总体上老年人的抑郁程度相对较低。

老年人社会适应是老年个体根据外在和社会环境的要求，来使自身的行为方式和心理状态既调整为内在和谐，也表现为与外在环境平衡的状态（陈勃，2008）。对于社会适应的测量，在问卷中采用了社会适应量表。量表共8个项目，包括"我觉得，我还是个对社会有用的人""社会变化太快，我很难适应这种变化""现在，越来越多的观点让我难以接受""现在的社会变化越来越不利于老年人"等，从老年人对自身和社会变化的评判来反映老年人群的社会适应状况。其回答包括5个程度，"完全不符合""比较不符合""一般""比较符合"和"完全符合"。5个程度分别赋值1—5分，通过将赋值转置使每个项目所表述的方向一致，得到8—40分得分，分数越高表示老年人的社会适应程度越好。数据表明老年人平均社会适应情况处于中等水平，为24.24分。

（2）经济状况包括老年人的收入和社会保险（张文娟、纪竞垚，2018）。为使研究结果更稳健，本研究将老年人的收入取对数减小数据极差。社会保险是老年群体区别于其他群体的重要指标，而且现阶段越来越成为老年人的主要生活来源。数据显示，有近90%的老年人拥有社会保险。

（3）居住环境包括老年人住房内设施情况（黄建，2016），结合CLASS 2016调查，主要分析室内是否有浴室和厕所。数据显示，仍然有46.86%和33.74%的老年人住房内没有浴室和厕所。具体的变量选取详见表4-6和表4-7。

（三）研究方法

在对老年人生活质量指数进行计算时，主要运用因子分析方法。因子分析的基本思想是"降维"，即依据变量之间的相关性进行分组，将相关性较高的变量放在同一组，使得组内相关性高、组间相关性低。之后，将每组变量用一个更加综合的变量来代表这一组变量，称为公共因子。最后将诸多变量整合成几个公共因子。运用因子分析的目的在于当所涉变量较多、关系较为复杂时，从中找出主要的因子，来表示原始变量之间的关系（马慧慧，2016）。因子分析的主要步骤包括：选取原始变量、标准化原始变量并求相关矩阵，同时分析其相关性、运用因子分析方法（如主成分分析等）得到初始公因子和荷载矩阵、通常进行因子正交或斜交旋转后得到因子得分、通过因子得分再深入进行分析。本研究借鉴黄伟伟等（2015）的研究方法，先将生活质量指标进行标准化，再进行 KMO 检验和 Bartlett 球形检验。通过利用最大方差法进行因子载荷系数旋转，以方差贡献率为权重对各因子得分进行加权求和，就可以得到老年人生活质量指数。随后运用多元线性回归模型和分组回归等方法探讨社区居家养老服务的介入对老年人生活质量的影响。

表 4-6　　　　　　　　　　因子指标选取（原始变量）

综合指标（1个）	维度指标（3个）	基础指标（11个）
生活质量	健康状况	健康自评
		自理能力
		慢性病患病状况
		认知功能
		抑郁状况
		生活满意度
		社会适应
	经济状况	收入状况
		社会保险
	居住环境	室内浴室
		室内厕所

注：作者根据相关文献自行整理。

表 4-7　　　　　中国居家老年人生活质量变量选取情况（N=7269）

变量		比例（%）/均值（标准差）
健康自评	健康	45.78
	一般	35.44
	不健康	18.78
ADL 或 IADL 失能	完全自理	61.74
	不完全自理	38.26
是否患有慢性病	是	56.82
	否	43.18
认知功能	认知能力得分	12.44（4.08）
抑郁状况	抑郁量表得分	20.67（3.06）
生活满意度	满意	68.71
	一般	25.34
	不满意	5.95
社会适应	社会适应量表得分	24.24（4.14）
收入	个体年收入的对数	8.79（2.22）
社会保险	是	88.15
	否	14.85
室内是否有浴室	有	53.14
	无	46.86
室内是否有厕所	有	66.26
	无	33.74

在因子分析之前，需对数据进行检验，看其是否适合因子分析。通过 KMO 检验得出 KMO 值为 0.668，根据 Kaiser 确定的 KMO 度量标准可知上述变量适合做因子分析。同时，Bartlett 球形检验显示近似卡方值和 p 值分别为 9164.454 和 0.000，说明其适合做因子分析。

在将各变量去量纲标准化后，本研究主要运用主成分分析法提取公因子。原因在于，在进行老年人生活质量测量时，主要目的是通过降维来简化数据。而主成分分析法相对于主因素分析法、迭代算法、最大似然法等方法而言，能够更好地将多个因素简化为少数指标，且该方法可以在尽可能保留原有数据所含信息的前提下实现对数据的简化,并且可以更为简洁地揭示变量之间的关系(杨菊华,2012)。

表4-8显示了用主成分分析法提取公因子后的结果。结果显示,11个原始变量中,特征根大于1的因子有4个,根据"特征值"准则(K1准则),公因子个数为4个,保留下来的因子至少能够解释一个实测变量的方差,以此来精简数据。

表4-8 基于主成分分析的因子提取表

因子	特征值	差异	方差解释比例	累计方差解释比例
因子1	2.3620	0.8221	0.2147	0.2147
因子2	1.5399	0.4168	0.1400	0.3547
因子3	1.1232	0.0732	0.1021	0.4568
因子4	1.0499	0.1374	0.0954	0.5523
因子5	0.9126	0.0956	0.0830	0.6352
因子6	0.8169	0.0361	0.0743	0.7095
因子7	0.7808	0.0246	0.0710	0.7805
因子8	0.7562	0.0727	0.0687	0.8492
因子9	0.6835	0.0671	0.0621	0.9114
因子10	0.6164	0.2577	0.0560	0.9674
因子11	0.3587		0.0326	1
N	7269			

为了使因子负载的平方值向0和1两个方向分化,使大的负载更大,小的负载更小,并使结果便于理解,故需要进行因子旋转。表4-9显示了因子旋转后的分析结果。结果显示,4个公因子累计方差解释比例为55.23%。通常而言,一般选择的因子数量应使得累计方差比例达到80%以上,但由于本研究的目的是尽可能利用少量因子达到精简数据的目的,有研究认为,该比例可以低至50%(杨菊华,2012)。故本研究的累计方差解释比例仍可接受。

表 4-9 因子旋转后公因子方差解释比例

因子	方差	差异	方差解释比例	累计方差解释比例
因子 1	1.7539	0.1805	0.1594	0.1594
因子 2	1.5734	0.1027	0.1430	0.3025
因子 3	1.4707	0.1937	0.1337	0.4362
因子 4	1.2767		0.1161	0.5523
N	7269			

经因子旋转后，原始11个变量在4个公因子上的负载如表4-10所示。通过表4-10可以明显看出，经因子分析后，原有11个变量被分为4类，一类是以室内拥有浴室和室内拥有厕所为代表的居住环境因子；二是代表健康自评、自理能力和慢病患病情况的身体健康因子；三是代表认知能力、抑郁状况、生活满意度和社会适应的社会心理健康因子；四是包括收入状况和社会保险在内的经济因子。由于通常研究者将身体健康与心理健康合并为"健康"，故4个公共因子符合上述理论探讨。

表 4-10 因子旋转后因子负载情况

	因子1 居住环境	因子2 身体健康	因子3 社会心理健康	因子4 经济
健康自评		0.7169		
自理能力		0.5938		
慢病患病		0.6972		
认知能力			0.6567	
抑郁状况			0.7035	
生活满意度			0.5587	
社会适应			0.7415	
收入状况				0.5163
社会保险				0.5802
室内浴室	0.8844			
室内厕所	0.8909			

注：本表格所示为负载超过0.5。

在后续的分析中，需要进一步计算各公因子的因子得分，各公因子可以表示为各观测变量的线性组合。首先对每个变量进行标准化，使其均值几乎为0，标准差为1。其次是利用因子负载进行加权，并对每个因子加和。本研究根据因子得分，结合黄伟伟（2015）的研究，得到居家老年人生活质量指数，即QOL=15.94×F1（居住环境因子）+14.3×F2（身体健康因子）+13.37×F3（社会心理健康因子）+11.61×F4（经济因子）/55.23。

二 我国老年人生活满意度状况分析

总体而言，老年人的生活满意度得分为3.81分，对生活总体上较为满意。而且居家老年人的生活满意度存在城乡差异。数据显示，城市老年人的生活满意度得分为3.89分，而农村为3.69分，且城市老年人生活满意度显著高于农村（p=0.000<0.05），这与二元经济体制下城乡社会经济发展水平仍存在较大差异有关。然而，老年人的生活满意度并未表现出显著的性别差异（p=0.86>0.05）。

老年人的生活满意度与年龄分布呈"U"形曲线，即随着低龄老年人逐渐过渡到中龄老年人，其生活满意度呈下降趋势，但是随着高龄老年群体年龄的增加，其生活满意度呈上升趋势（图4-4）。这是因为年龄对老年人生活满意度的影响既存在负向效应，也存在正向效应。所谓负向效应是说随着年龄的增加，带来健康恶化、经济压力、亲友过世等负向损失，进而降低老年人的生活满意度。而正向效应则是由于年龄成熟效应、同期群正效应等所致（骆为祥、李建新，2011）。特别是对于高龄老年群体而言，在面临困扰时，老年人可以发展出行之有效的策略来削减负面影响，即便不能消除，也可以逐步适应。此外，相对于以往生活苦难，高龄老年人群面对晚年的负向事件变得"微不足道"，其有利于使老年人保持较为积极的生活评价。

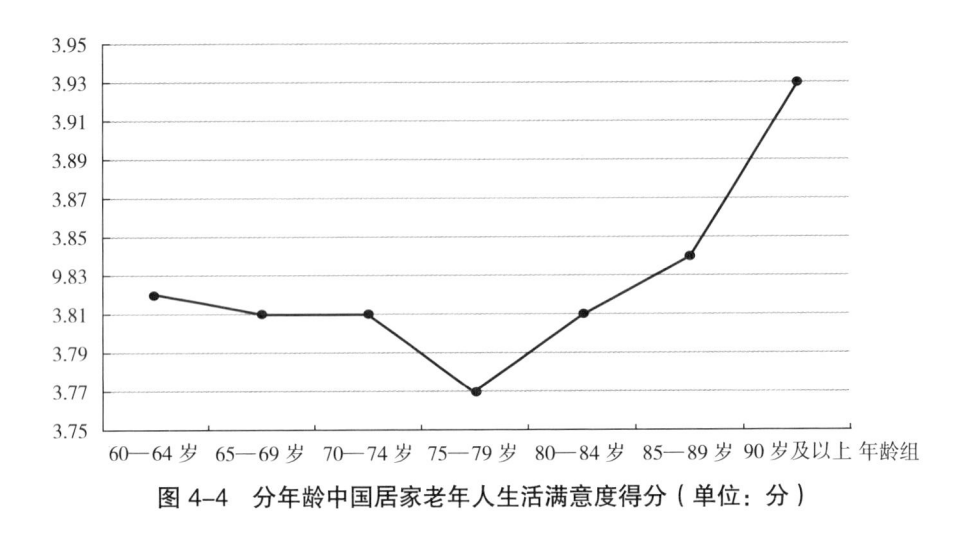

图 4-4　分年龄中国居家老年人生活满意度得分（单位：分）

三　我国老年人生活质量状况分析

老年人生活满意度是老年人主观生活质量的主要评估指标（瞿小敏，2016），其在一定程度上反映了老年人的生活质量。但老年人的生活质量指标既可以更为全面、准确地反映老年人的主观生活质量，也可以反映老年人居住环境、经济状况等客观生活质量。本部分在描述分析老年人生活质量群体特征和差异的基础上，重点探究居家养老服务对居家老年人生活质量的影响。

通过上述因子分析，本研究得出涵盖居住环境因子、身体健康因子、社会心理健康因子和经济因子 4 个公因子组成的老年人生活质量指数，其是一个均值几乎为 0，标准差为 1 的变量。表 4-11 显示了不同社会人口特征下的居家老年人生活质量指数得分的分布和方差分析结果。从表 4-11 可以看出，老年人的生活质量存在群体差异。受社会性别分工、人力资本等影响，男性老年人的生活质量明显好于女性，文盲老年人生活质量显著低于非文盲老年人。虽然上述研究表明年龄对老年人生活满意度的影响不稳定，呈现"U"形特征，特别是到了高龄阶段，老年人的主观生活满意度随着年龄的增加而提高，但通过探究更为综合的老年人生活质量指标可以看出，总体上中高龄老年人的生活质量不及低龄老年群体。此外，受城乡二元经济体制的影响，城市居民总体生活质量显著高于农村。对于不同居住方式的老年人来说，独居老年人的生活质量显著低于非独居老年群体；仅与配偶居住的老年人生活质量较高，这可能由于该类老年人群往往健康状况相对较好，且有配偶的支持与陪伴，有配偶老年人的生活质量显著高于无配偶老年人。而与子女同住或其他亲属同住的老年人生活质量相对较低，这可能由于较为复杂的代际关系造成在日常生活中的一些矛盾影响老年人的心理健康、社会适应等（齐明珠、徐征，2003）。

表 4-11　不同社会人口特征居家老年人生活质量指数得分及方差分析

社会人口特征		生活质量指数得分	F 值	p 值
性别	男性	0.07	150.42	0.000
	女性	−0.07		
年龄组	60—69 岁	0.09	193.26	0.000
	70—79 岁	−0.07		
	80 岁及以上	−0.23		
受教育程度	文盲	−0.07	19.5	0.000
	非文盲	0.05		
居住地	城市	0.04	109.73	0.000
	农村	−0.08		
居住方式	独居	−0.07	21.5	0.000
	仅与配偶同住	0.09	223.05	0.000
	仅与子女同住	−0.17	173.49	0.000
	与配偶子女或其他亲属同住	−0.02	3.81	0.050
婚姻状态	无配偶	−0.13	91.89	0.000
	有配偶	0.05		

四　居家养老服务对老年人生活满意度的影响

现阶段，中国正在大力推进居家养老服务，其会否提高老年人的生活满意度和生活质量仍需实证支撑。本部分利用 CLASS 2016 数据探讨不同类型的居家养老服务对居家老年人生活满意度的影响。

以往研究着重探讨老年人生活满意度的影响因素，其中包括健康状况、经济状况等（李建新、刘保中，2015；李德明等，2009；熊跃根，1999；骆为祥、李建新，2011）、社会支持（瞿小敏，2016）、老年人的性别、年龄、受教育程度、婚姻状况、居住地、居住方式等（曾宪新，2011）。因此本研究纳入了相关控制变量，包括老年人社会人口特征（如性别、年龄、受教育年限、婚姻状况、居住地、居住方式等）、健康状况（客观自理能力、主观健康自评等）、经济状况（如收入、房产、保险状况等）以及社会支持。其中，社会支持是影响老年人生活满意度的重要影响因素。社会支持是一种由为人们提供各种支持的人构成的社会关系网络（瞿小敏，2016）。虽然近年来大多研究将老年人社会支持的提供主体聚焦于家庭成员（如家庭代际支持）（王萍、李树茁，2011），有些扩展至朋友，但从广义上来讲，社会资源的支持也是一种支持方式，只是其相对于家庭支持而言，是一种弱支持（Granovetter M.,1973；Nan L., 1981）。本研究将家庭、朋友及社会资源的支持称为社会支持。在操作化层面，根据社会支持量表计算社会支持得分来表示。

表4-12为居家养老服务对老年人生活满意度影响的回归分析结果。结果显示，在控制其他条件下，居家养老服务的利用有利于提高老年人的生活满意度。对于总体模型（模型1）而言，在控制老年人社会人口特征、健康状况和经济状况、社会支持的基础上，利用居家养老服务的老年人比没有利用过居家养老服务的老年人生活满意度高0.17分。此外，受教育程度较高、城市女性、健康状况较好、社会支持程度较高且有社会保险的老年群体生活满意度较高。同样，无论对于医疗护理类服务（模型2）还是居家养老类服务（模型3）来说，使用这两类照料服务都会在一定程度上增进老年人的生活满意度。

表4-12　居家养老服务对中国居家老年人生活满意度影响的回归分析

	模型1（总体）		模型2（医疗护理类）		模型3（居家养老类）	
	系数	标准差	系数	标准差	系数	标准差
居家养老服务（无）	0.172***	0.029	0.132**	0.051	0.172***	0.029
受教育年限	0.015***	0.004	0.015***	0.003	0.015***	0.003

续表

	模型1（总体）		模型2（医疗护理类）		模型3（居家养老类）	
	系数	标准差	系数	标准差	系数	标准差
年龄	0.007***	0.001	0.008***	0.001	0.007***	0.001
性别（女）	−0.077**	0.025	−0.084**	0.025	−0.078**	0.025
居住地（农村）	0.172***	0.029	0.159***	0.029	0.169***	0.029
婚姻状况（无配偶）	0.025	0.028	0.026	0.028	0.026	0.028
自理能力（失能）	0.069**	0.029	0.075**	0.029	0.071**	0.029
同住人数	0.014	0.010	0.019*	0.010	0.014	0.010
社会支持得分	0.005***	0.001	0.006***	0.001	0.006***	0.002
健康自评（差）	0.240***	0.017	0.237***	0.017	0.240***	0.017
收入对数	−0.001	0.006	−0.002	0.006	−0.001	0.006
房产数量	−0.011	0.014	−0.011	0.014	−0.011	0.014
社会保险（无）	0.066*	0.038	0.082*	0.038	0.066*	0.038
截距	2.340***	0.168	2.281***	0.168	2.327***	0.168
N	7269		7269		7269	
R^2	0.0965		0.0901		0.0963	

注：*$p<0.1$，**$p<0.05$，***$p<0.01$，括号内为参照类。

综上所述，总体而言，居家养老服务的介入可以在一定程度上提高老年人的生活满意度，且在控制其他条件下，无论是医疗护理类居家养老服务还是居家养老类居家养老服务都可以显著提高居家老年人的生活满意度，该结论也为目前中国大力发展居家养老服务提供了一定的实证支撑。

五 居家养老服务对老年人生活质量的影响

由于老年人生活质量指数已经包括健康、经济、居住环境等因素，故在进行分析时，本研究主要控制社会人口特征，具体包括：性别、年龄、居住地、受教育程度、居住安排、婚姻状况等，重点关注居家养老服务利用对其生活质量的影响。表4-13显示了居家养老服务对居家老年人生活质量影响的回归分析结果。模型7显示，在控制老年人社会人口特征的情况下,居家养老服务可以显著提高老年人的生活质量。利用居家养老服务的老年人比没有利用居家养老服务的老年人生活质量指数得分高 0.06 分。

同样,模型 8 和模型 9 皆显示,在控制其他条件下,无论对于医疗护理类居家养老服务来说还是对于居家养老类居家养老服务而言,利用居家养老服务皆会提高老年人的生活质量。利用医疗护理类居家养老服务的老年群体比没有利用的老年人生活质量指数得分高 0.065 分;而利用居家养老类服务的老年群体比没有利用过该类服务的老年人生活质量指数得分高 0.07 分。

表 4-13　居家养老服务对中国居家老年人生活质量影响的回归分析

	模型 7(总体)		模型 8(医疗护理类)		模型 9(居家养老类)	
	系数	标准差	系数	标准差	系数	标准差
居家养老服务(无)	0.064**	0.020	0.065*	0.035	0.071***	0.019
受教育年限	0.011***	0.002	0.011***	0.002	0.011***	0.002
年龄	−0.018***	0.001	−0.018***	0.001	−0.017***	0.001
性别(女)	0.130***	0.017	0.129***	0.017	0.129***	0.017
居住地(农村)	0.171***	0.019	0.171***	0.019	0.170***	0.019
婚姻状况(无配偶)	0.077***	0.019	0.077***	0.019	0.076***	0.019
同住人数	0.044***	0.007	0.047***	0.006	0.044***	0.006
截距	1.298***	0.098	1.317***	0.098	1.295***	0.099
N	7260		7260		7260	
R^2	0.1462		0.1444		0.1472	

注:*$p<0.1$,**$p<0.05$,***$p<0.01$,括号内为参照类。

本部分分析了居家养老服务的介入效果,即居家养老服务对中国居家老年人生活满意度和生活质量的影响。首先分析了老年人的生活满意度基本情况和群体差异,在此基础上探讨了不同类型的居家养老服务对老年人生活满意度的影响。结果显示,中国居家老年人对生活总体上较为满意,但存在年龄及城乡差异。随着年龄的增加,老年人的生活满意度先下降后上升。城乡经济社会发展不平衡使得城市老年人的生活满意度显著高于农村。此外,无论是医疗护理类居家养老服务还是居家养老类居家养老服务，其介入可以在一定程度上提高老年人的生活满意度。

其次，探讨了居家养老服务对更加综合的指标——老年人生活质量的影响。第一，运用因子分析方法将原始变量降维，形成居住环境因子、身体健康因子、社会心理健康因子和经济因子4个公因子，并根据因子得分得出老年人生活质量指数。第二，分析了不同社会人口特征的老年群体在生活质量指数上的群体差异。结果显示，男性、低龄、受教育程度较高、城市且有配偶、仅与配偶同住的老年群体的生活质量相对较高。第三，研究分析了不同类型的居家养老服务对老年人生活质量的影响。分析结果显示，总体上居家养老服务的介入会提高居家老年人的生活质量。而且，对于不同类型的居家养老服务来说，无论是医疗护理类居家养老服务还是居家养老类居家养老服务都会显著提高老年人群的生活质量。

所以，本节得出以下研究结论：

（1）居家养老服务的介入可以在一定程度上提高老年人的生活满意度；

（2）居家养老服务的介入显著提高了老年人的生活质量。

该研究发现为当下中国大力发展居家养老服务提供了实证支撑，发展居家养老服务可以提高老年人的生活满意度和生活质量也印证了党的十九大以来以人民为中心的发展思路和发展旨趣的转变。

本章小结

本章从居家养老服务质量、社会化照料服务对家庭养老的影响以及对老年人自身生活满意度和生活质量的影响三个维度探讨居家养老服务的效益。研究发现：

1. 目前对居家养老服务质量的评价指标仍停留在理论探讨阶段，可通过"居家养老服务质量模型"（SERVQUAL模型）来定量分析居家养老服务的质量。该模型包括五大评价维度，即可靠性、保证性、响应性、可感知性（有形性）和移情性。

2.随着时间的推移，家庭照料时间呈下降趋势，表明家庭养老功能确实伴随着社会转型有弱化趋势。而近年来，社会养老服务体系的大力发展为化解养老照料风险提供了更多的选择，社会化照料也逐渐成为帮助家庭减轻照料负担的重要途径，而且，研究也证实了社会化照料可以减少家庭照料时间。然而，虽然社会化照料可以在一定程度上减少家庭照料时间，但当老年群体健康状况越来越差时，社会化照料对家庭照料时间的降低效应随之减弱，家庭并不能完全依赖社会化照料，即是说，社会化照料不会完全替代家庭照料，家庭照料仍是老年人长期照护的重要资源。

3.居家养老服务的介入可以在一定程度上提高老年人的生活满意度和生活质量，该研究发现为当下中国大力发展居家养老服务提供了实证支撑。

实践篇
SHIJIANPIAN

第五章
居家养老服务的地方探索与实践

居家养老服务的提供极大地满足了老年人在家或在熟悉的社区中养老的意愿，使老年人居住在家或社区内就可以享受到专业化、高质量的服务，将养老服务带至老年人周边、身边、床边，解决了养老服务"最后一公里"问题。从现阶段我国对居家养老服务的实践探索来看，各地居家养老服务设施、服务内容和服务模式呈现百花齐放的局面，可以说，实践走在了理论的前面。特别是诸如北京、上海、南京等地逐渐创新居家养老服务模式，在居家、社区和机构融合发展、居家养老层面的医养结合、"互联网+"居家养老、居家老年宜居环境建设等方面取得了一定进展。

本篇主要从我国居家养老服务设施、服务内容与服务模式三大维度出发，阐述现阶段我国居家养老服务的探索、实践与创新。

第一节　加强居家养老服务设施建设

居家养老服务并不局限于上门服务，从广义上看，居家养老服务设施也包括社区养老服务机构，如日间照料中心、养老服务驿站等。近年来，各地开始探索小型嵌入式的社区居家养老服务机构。根据现有服务供给的内容划分，社区居家养老服务设施大致可分为4类：一是主要提供照护服务的设施，如老年照料中心、托老所（站）、社区养老服务驿站等；二是提供助餐服务的设施，如老年餐桌、老年助餐服务站等；三是提供老年互助服务的设施，如邻里互助服务站、老年睦邻点等；四是提供老年文化娱乐活动设施，如老年人活动中心、老年活动室等。

从数量上看，近年来我国社区居家养老服务设施数量持续增加。图5-1显示了近五年来我国社区养老服务机构和设施、互助型养老设施以及社区留宿和日间照料床位的数量情况。全国社区居家养老照料机构和设施从2014年的1.9万个增长至2018年的4.5万个，社区互助型养老设施从2014年的4万个增长至2018年的9.1万个；社区留宿和日间照料床位也从2014年的187.5万张增长至2018年的347.8万张。

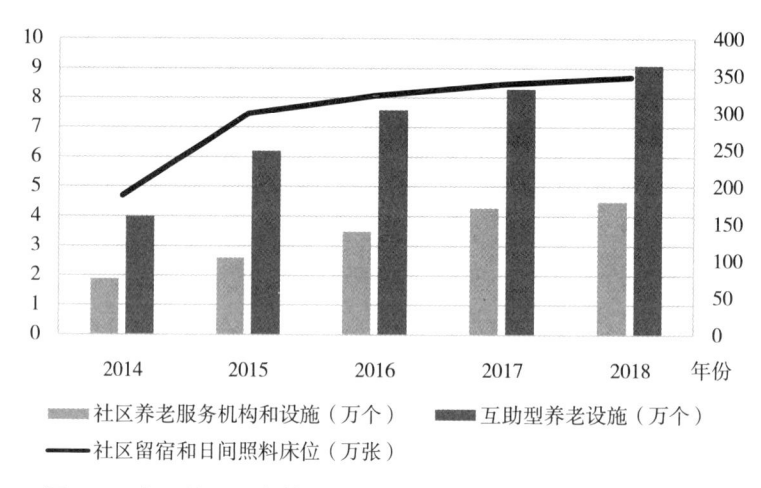

图5-1 我国社区居家养老服务设施增长情况（2014—2018年）

资料来源：2014—2018年民政事业发展统计公报，民政部。

从地方实践上看，社区居家养老服务设施的概念虽然兴起较早，但在设施建设方面仍处于初步发展阶段，如何增加社区居家养老服务设施供给，优化设施布局、提高设施质量成为地方实践的重点。特别是在城市地区，新建大量社区居家养老服务设施受到土地资源制约，土地问题成为目前制约居家养老服务设施发展的主要原因。一些地方选择整合利用闲置资源，改造成为社区居家养老服务设施，着力解决养老服务设施落地难问题。也有地区选择建设小规模嵌入式养老服务机构。例如[①]：

江苏省南京市在社区层面实现基层养老服务设施整合，提出"两无偿一优先"发展养老设施，即社区40%以上用房"无偿"用于养老服务，公建配套的养老服务设施"无偿"提供给非营利性社会养老机构运营，明确提出"行政事业单位的闲置用房优先用于养老设施"。各街道社区综合服务中心均设养老服务专区，开展助餐、助浴等服务，在全市打造15分钟"为老服务便民圈"。

江苏省南通市打造"社区长者驿家"养老服务模式，将小型养老机构移至社区，让社区长者驿家与街道老年人日间照料中心、社区居家养老服务站、社区卫生服务机构等整合设置或邻近设置，为社区老年人提供日间照料、助残送餐、短期托养、精神慰藉等服务。湖南省湘潭市、安徽省合肥市等地，利用社区公共服务用房和设施，盘活资源，推进建设小微嵌入式养老服务机构，探索"机构居家化""居家机构化"的服务模式，方便社区老年人就近就亲养老。

山东省济南市针对新建小区配套养老服务设施落实难、主城区老城区养老服务设施落地难等问题，突出政府主导作用，在做好规划基础上，多措并举加以解决。一是着力解决新建小区养老服务设施配建问题。市国有土地招拍挂领导小组制发了《养老服务设施用地监管暂行意见》，市有关部门联合制发了《关于加强新建住宅小区配建养老服务设施用房规划、建设和移交管理的通知》，坚持与开发项目同步设计、同步报批、同步建设、同步核实、同步验收，做到"五同步"。在项目规划、土地招拍挂、土地熟化、建设施工、预售许可、竣工验收等环节设置制度卡口，各相关部门共管共治，形成合力。养老服务设施配建列入土地招拍挂条件，由土地竞得者实施同步建设，分期开发项目必须安排在首期建设，建成后无偿移交区县政府，交由专业机构运营。对新出让住宅和商住小区地块，未按规定配建养老服务设施或配建标

[①] 案例资料来源：《聚焦改革试点成果，致力居家和社区养老服务发展》，《社会福利》，2020年第2期。《全国居家和社区养老服务改革试点经验和典型案例汇编》，下同。

准不达标的，实行一票否决。二是着力解决老旧小区养老服务设施短缺问题。市政府安排规划部门牵头完成了对主城区 2009 年以来建成小区全部摸排，准确掌握了各区常住人口数据，养老服务设施的用地和建设等基本情况，对已有的养老服务设施建立了电子档案。对未建或建设不达标的，明确各类设施配建标准。对各区需增建的养老服务设施进行规划，提出选址方案，同时提出了三年建设项目库和年度实施计划建议。由区县政府采取追缴、置换和购置等方式，按标准把已建成小区欠账部分配置到位。

北京市为解决养老服务"最后一公里"问题，充分整合统筹现有社区及村内的养老服务设施和资源，充分利用闲置资源建设养老服务设施。从 2016 年开始，按照"政府无偿提供设施、运营商低偿运营"的思路，在社区和村级层面开展社区养老服务驿站和农村幸福晚年驿站建设，就近为有需求的居家老年人提供日间照料、呼叫、助餐、健康指导、文化娱乐、心理慰藉等服务。

上海市做优做实社区居家养老，建立生活驿站（综合为老服务中心），配置公益公共服务和便民商业服务，鼓励配置个性化服务，以"15 分钟、30 分钟、60 分钟社区生活圈"为目标，真正打通方便群众的"最后一公里"。建设单一型的长者照护之家，一般为 300—500 平方米，10—49 张床位，主要为老年人提供短期住养照料，如大病出院仍需康复护理，家属需要喘息服务，对入住机构进行体验适应等。利用闲置宅基房屋，建设农村宅基睦邻"四堂间"，实现小圈子用餐、小邻里联系、小班化学习、小区域议事的农村小近邻养老，积极创建标准化老年活动室，对设施陈旧、空间局促的老年活动室进行改扩建，提升老年人活动场所品质。此外，整合社会闲置资源，挖潜存量土地和房产资源，对低效利用的老厂房、饭店、宅基等房屋资源进行摸排梳理，推动各类闲置用房通过多种方式改造成养老服务设施。

虽然各地多措并举建设社区居家养老服务设施，但不可否认的是，一些地区社区居家养老服务设施利用率并不高，很多设施存在"有室无人"状况。例如，老年日间照料中心内老年人数往往屈指可数且大多为健康老年人。究其原因，一方面，失能老年人行动不便，目前我国大多数日间照料中心无法提供接送服务，亦无相关资源，使得往往最需要为家属提供喘息服务的家庭不便将老年人送入日间照料中心，造成资源浪费。另一方面，人们关于老年照护的认识大多停留在居家照护与养老机构照护，对于其他照护方式认识不足，需要加大宣传力度，将居家养老服务理念、服务专业性和服务标准普及到老年人及其家庭之中。此外，很多社区居家养老服务设施受制于消防等因素，虽然着力推进"一事一议"流程，但在土地资源日益紧缺的今天仍然无法有效解决养老服务设施供给不充分、标准不完善、存在安全隐患等问题。

第二节　丰富居家养老服务内容

本节主要以居家养老服务内容中各地实践较多的老年助餐服务、上门探访服务、居家医养结合服务和老年人家庭适老化改造服务为例，分析现阶段各地区对居家养老服务的探索与实践。之所以聚焦上述四类服务，主要考虑到老年助餐服务重点解决老年人基本生活需求——"吃饭"问题，居家医养结合服务重点解决老年人"医疗"等健康问题，上门探访服务重点解决老年人服务需求收集和"精神慰藉"问题，家庭适老化改造重点解决老年人"行动"不便问题，这四类服务基本涵盖了老年人日常生活基本需求。从发展阶段来看，目前我国居家养老服务处于快速发展阶段，当然也面临着"成长的阵痛"，通过分析各地居家养老服务实践探索，在探索中不断总结经验教训，为今后居家养老服务发展提供借鉴。

一　老年助餐服务探索

（一）老年助餐服务体系地方实践

居家养老服务涵盖老年人生活照料、精神慰藉、法律援助等诸多内容，但从目前全国推进居家养老服务的重点内容来看，老年人群的吃饭问题逐渐成为各地关注的重点，特别是对于农村地区而言，已经开始从"吃得饱"变为"吃得好"，为此，各地开始注重完善养老助餐服务体系。例如：

北京市民政局等8个部门联合印发《关于进一步加强老年人助餐配餐服务工作的意见》，就进一步明确养老助餐配餐工作目标、进一步明确老年餐桌布局标准、进一步完善制餐助餐服务模式、进一步加强配送餐服务工作，进一步完善助餐配餐补贴制度提出明确要求。海淀区通过培育发展老年互助社的方式组织助餐等居家养老服务；昌平区在流村镇、十三陵镇开展助餐试点，采取"政府支持一点、村集体负担一点、老年人支付一点"方式探索提出符合本地实际需求的养老助餐服务支付方式；怀柔区支持幸福晚年驿站开展助餐服务，鼓励社会力量在农村开展助餐服务，依托民俗院、闲置农宅等设施建立助餐点，重点解决农村老年人吃饭难问题。

浙江省绍兴市开展了居家和社区老年人助餐、配送餐服务。采取开办老年食堂、依托养老服务机构配送餐、委托社会餐饮企业配送餐等多种形式，在全市积极开展助餐、配送餐服务，解决居家的高龄、孤寡、独居、空巢和失智失能老人吃饭难问题，为今后配送餐服务覆盖全市城乡社区打下基础。宁波市总结了4种助餐模式，有力推动老年助餐服务。一是"社区老年食堂"模式。在老年人居住较为集中、需求旺盛的社区，通过新建或改造提升等方式，在居家养老服务站配置老年食堂，就地满足老年人助餐服务需求。二是"中心食堂+助餐点"模式。2013年起，该市探索推进镇乡（街道）区域性居家养老服务中心建设，在区域性居家养老服务中心建设老年食堂，通过服务辐射，与周边社区居家养老服务站形成联动，使社区居家养老服务站成为老年助餐点，形成"中心食堂+助餐点"的助餐服务网络。三是"养老机构助餐"模式。大力推广"家院互融"服务，引导养老机构为周边社区提供老年助餐服务。四是"社会化服务"模式。探索委托餐饮企业等社会机构为社区老年居民提供老年配送餐、助餐服务。

广东省广州市通过打造布点社区化、筹资多元化、运营社会化、服务个性化的大配餐服务体系有效解决困难老年人用餐难问题。建立长者饭堂，形成"中心城区10—15分钟、外围城区20—25分钟"服务网络，覆盖全市街镇、村居，有效解决包括独居、孤寡、失能等特殊困难老年人在内的全体常住老年人的吃饭问题。为确保助餐配餐服务的可持续发展，采取政府补一点、企业让一点、慈善捐一点、个人掏一点"4个一点"的办法，找到企业保本赢利、财政可承受、老人能负担的平衡点。

（二）老年助餐服务面临的主要问题

虽然从全国范围来看，老年助餐服务体系建设如火如荼，老年饭桌、老年配餐点屡见不鲜，但在服务发展可持续、审批无障碍等方面仍面临一定问题。

一是老年助餐服务尚无成熟可持续的经营模式。资金可持续是目前制约老年助餐服务的重要因素。虽然各地探索出"政府支持一点、村集体负担一点、老年人支付一点"或"政府补一点、企业让一点、慈善捐一点、个人掏一点"等经验，但大多停留在个别试点探索上，对于"每一点"的平衡点尚无确切的可复制、可推广的经验。一些针对老年助餐服务的调查发现，大多数老年人对助餐服务表示期待，也表示需要助餐服务。但在实践中发现，多数老年人选择中餐，对早餐和晚餐需求不大，而且，老年人对价格敏感度较高，随着物价上涨，老年人购买积极性下降，很多助餐服务因此"夭折"。特别是对于农村老年人而言，受经济收入制约，老年人本身支付意愿不强、支付能力不足，村集体及政府财政压力较大，为老年人提供低价高质的助餐服务尚无动力。

二是老年助餐多部门监管致使审批难。从目前老年助餐服务实践来看，民政部门大多鼓励社区养老服务机构依托中央厨房或助餐点为老年人提供送餐服务，但市场监管部门仍依据外卖配送服务规范标准进行监管，致使很多社区养老服务机构送餐服务难以合法，给助餐送餐服务造成审批困难。

三是服务对象不精准致使真正需要服务的老年人被忽略。现阶段很多地区关于老年助餐服务的对象多为能自理老人，特别是一些地区送餐不便，大多由老年人自取，而能够自取老年餐的老年人大多身体相对健康，对于真正卧床不起，需要解决一日三餐"有没有"问题的老年人反而不在服务范畴内，由此可能产生重"锦上添花"轻"雪中送炭"倾向，使得真正需要送餐、助餐服务的失能、高龄等特殊困难老年群体被忽略。

（三）老年助餐服务可持续发展的对策建议

老年助餐服务质量在很大程度上影响着老年人居家养老服务的获得感，为此，需要进一步提高老年助餐服务可持续性和服务质量。

一是率先做好助餐服务项目的专项调研。对助餐服务的成本、规模、收益等形成预案，对政府、企业、老年人及其家属等多元支付主体的支付能力进行测算，了解独居、空巢、高龄、失能、失智、失独、无子女等特殊困难老年群体的助餐服务需求，根据地方财政对助餐服务进行适度补贴。

二是选取部分地区进行助餐服务试点。特别是对于深山农村地区，探索不同区域因地制宜的助餐服务经验，对于试点失败地区及时总结问题。特别是探索助餐服务"多主体支付"下具体的资金及补贴安排，探索助餐服务资金可持续模式。同时，除自办助餐食堂外，还可借助餐厅、单位食堂、学生食堂等开设老年助餐窗口，并结合快递、上门探访等服务实现助餐。

三是合理打通不同监管部门关于老年助餐服务的监管流程、监管措施，避免因多部门监管审批困难致使老年助餐、送餐服务不合规，影响老年人政策获得感。

四是加强助餐服务的宣传引导。进一步转变老年人营养和消费观念，加强老年人群对助餐服务的政策感受度，拉动内需，保障老年人群在老年餐购买过程中的合法权益，让老年人"想消费、敢消费"。

二 老年上门探访服务探索

（一）老年上门探访服务的地方实践

上门探访服务是专业工作人员通过入户探访或电话探访等形式，旨在了解老年人的生活状态和养老服务需求的一种居家养老服务。目前越来越多地区开始提供上门探访服务，特别是在我国积极应对人口老龄化中长期规划中明确地提到了上门探访服务的要求。本节主要以北京市老年群体上门探访服务（巡视探访）为例，剖析老年巡视探访服务的实践经验及问题，并提出相关建议。

巡视探访服务对象主要包括独居、孤寡、空巢、健康状况较差等老年群体。服务供给者为专业工作人员，主要来源有三类，一是由街道（乡镇）、社区居委会/村委会工作人员作为服务主要实施主体。二是通过政府购买服务公开招标的方式由中标服务商进行巡视探访工作。三是委托就近社区养老服务驿站、养老照料中心、养老机构等开展上门或电话辐射服务。在服务形式及频次方面，多数采取电话和入户上门的方式进行巡访服务，例如每周给老年人打一次电话或每个月入户探访老年人一次，同时依据服务对象实际需求调整服务频率。在服务内容方面，主要对老年人的健康状况、心理状态等进行评估，往往通过陪同聊天等形式提供精神慰藉并了解需求，也有一些地区在巡视探访过程中会满足老年人力所能及的个性化需求，例如帮助有需求的老年人装置灯泡、整理房间等。

老年巡视探访服务并非简单的问候，而是具有规范的服务流程和实施细则。巡视探访的工作人员均需进行统一的技能培训，培训内容涵盖巡视探访服务的基础知识和实操经验，具体包括心理慰藉的手段和技巧、服务档案与服务台账的建立、服务协议的签订与信息化设备的使用、巡视探访人员的服务意识与着装礼仪培训等方面。总体而言，服务开展模式为，一是政府摸底调查，确定服务对象。二是采取政府购买服务等方式对目标服务对象提供巡视探访服务，充分了解掌握独居、高龄及其他困境老人的健康状况、精神状态、居住环境、安全情况及卫生状况等，了解服务需求。三是在居家养老巡视探访服务中引入监管机制，运用信息化手段加强监管力度，形成一整套闭合回路，确保巡视探访服务的规范化、流程化，以达到服务的专业性（图5-2）。

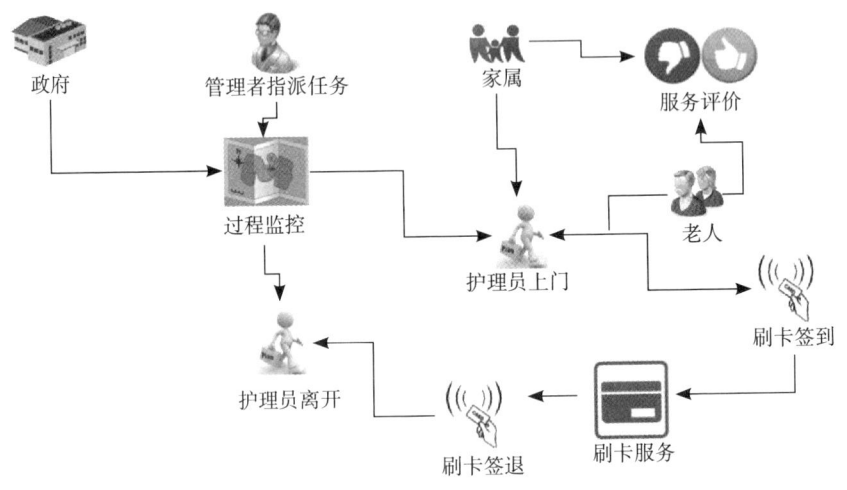

图5-2　巡视探访服务工作流程

资料来源：北京市老龄办。

通过巡视探访服务，一旦发现老年人存在风险，则通过构建服务需求反馈对接机制转介服务，成为老年人风险预判的"吹哨人"。具体而言，一是巡视员在探访过程中通过观察、询问等收集居家老年人的服务需求；二是巡视探访员将老年人服务需求记录并上传系统，后台工作人员将服务需求分类整理；三是将老年人服务需求与街道和社区养老服务驿站对接，由街乡社区统一匹配服务资源；四是对老年人后续服务进行跟踪和评价，了解老年人的满意度并反馈给巡视探访员，形成闭合回路。

（二）老年上门探访服务面临的主要问题

总体而言，老年上门探访服务在一定程度上更早发现风险，及时预防，避免诸如老人去世多时而无人问津等现象。但该居家养老服务在实施过程中仍面临一些问题有待改善。

一是被探访对象需进一步精准。虽然从政策层面主要对巡视探访对象做出明确界定，但具体实施过程中可以发现，例如对于空巢或独居老人而言，其身体健康状况较好，社会参与度较高，有较为规律的日常生活，而上门巡视探访服务则在一定程度上"打扰"了他们的生活。产生这个问题的原因在于服务对象并没有精准化，即尚未能够摸清老年人的服务需求，一些服务商为了完成"数字化"的任务目标，导致服务资源浪费。

二是探访频次应因需及时调整。巡视探访过程中，由于服务商需要完成相应的任务要求，即每月不少于一定频率和时间的电话或上门探访，才能拿到相应的补贴，故造成了老年人不得不"被服务"或"被延长服务时间"的现象。为此，需要及时调整服务方式和频次，以老年人自身意愿和需求为中心，对于老年人反映的巡访频次较高的现象降低巡访频率，因需调整。

三是服务对接尚且不足。在巡视探访服务中，巡访员除了对巡访对象的健康状况、精神状态、安全情况、卫生状况和居住环境进行评估外，对于老年人的日常生活需求也需要进一步链接相关服务和资源。一些老年人表示他们反映的问题得不到反馈，如代购、代缴、助洁、维修等服务无法获得；而服务商则表示巡视探访的主要工作是对老年人进行精神慰藉与初步评估，很多老年人提出的服务需求无法提供或提供过程可能会产生不可预期的结果。造成该问题的原因在于，巡视探访过程中需要进一步考虑"全服务链"，即巡视探访服务如何与其他社区居家养老服务衔接问题，而目前很多服务商在进行巡视探访服务时并不具备提供相关服务或对接及转介服务对象的能力，故在巡访中存在服务对接不足的问题。

（三）上门探访服务发展的对策建议

一是调整服务对象。针对不同类型的服务对象，需要进一步精准分类，对不同类型、不同需求的老年人采取不同的巡访方式和巡访频次。例如，对于健康状况较好、社会参与度较高的老年人来说，即便其是独居或高龄老人，也需要根据老年人自身意愿和要求适度调整巡访方式和减少巡访频次；对于农村地区没有电话或不方便使用手机的老年人而言，需要转变电话巡访的方式。同时需要增加巡访的灵活性和精准度，对于有切实巡访需要的老年人增加巡访频率和强度，避免"被巡访"现象，切实保障老年人的需求得到满足。

二是丰富服务内容。目前巡视探访服务主要集中于精神慰藉与对老年人自身状态的初步整体评估，而在实际工作中涉及老年人的社区便利、家政服务、生活照料、安全隐患、老年福利、老年人居家医疗服务（如家庭医生签约服务等）等多项服务内容，需要进一步丰富拓展，探索"巡视探访+"服务。此外，需要根据城乡老年人的不同需求将服务需求聚焦分类，逐项解决，以提高居民满意度和获得感。

三是拓展服务方式。目前巡视探访工作主要服务方式为电话巡访和上门巡访两种方式。在信息化手段广泛应用的今天，老年人的网络使用也不可小觑。根据腾讯研究院与深圳大学联合发布的《吾老之域：老年人微信生活与家庭微信反哺》报告和《第41次中国互联网络发展状况统计报告》数据显示，55岁及以上微信活跃用户激增，由2016年的765万人增加到2017年的5000万人，调查对象中有90%的老年人会使用语音和视频聊天。在服务方式的选择上，如果老年人可以使用微信，可采取微信沟通的方式，降低上门探访成本，节省巡访时间。

三 居家医养结合服务探索

医养结合是实施健康中国战略、达成健康老龄化目标、构建健康老龄化社会和健康养老服务体系的重要内容。2016年5月，习近平总书记在中共中央政治局第三十二次集体学习会议上明确提出，"落实支持养老服务业发展、促进医疗卫生和养老服务融合发展的政策措施"。此后，医养结合有关政策不断完善，国家卫生健康委员会也组织各地方开展国家级医养结合试点，以期探索出本土化的医养结合模式。

从总体来看，目前我国在医养结合方面的探索实践主要包括四种方式：一是"医中有养"，即鼓励医疗机构利用医疗资源优势，采取建立老年病科、护理院等，或举办养老机构等形式提供医养服务；或建设老年友好医院；二是"养中有医"，即养老机构内设医疗机构、诊所、卫生所、护理站等，提高为老医疗护理能力；三是养老机构与医疗机构签署战略合作协议；四是医养结合融入社区家庭。为了进一步贴合老年群体需求，近期地方在社区居家养老层面进行上门医疗或家庭病床试点探索，以方便居住在家庭或社区内的老年群体获得医疗服务。

2016年，国务院医改办等部门印发《关于推进家庭医生签约服务指导意见》，提出家庭医生签约服务的内容包括家庭病床服务、家庭护理、健康评估等，进一步加强了家庭病床服务工作。该意见明确提出了鼓励为社区高龄、重病、失能、部分失能以及计划生育特殊家庭等行动不便或确有困难的老年人，提供定期体检、上门巡诊、家庭病床、社区护理、健康管理等基本服务。近年来，国家卫健委等相关部门针对居家医养结合服务拟定实施细则，规避相关法律风险，提高上门医疗服务水平。2018年，为进一步提升家庭医生签约服务规范化管理水平，促进家庭医生签约服务提质增效，国家卫生健康委员会、国家中医药管理局出台《关于规范家庭医生签约服务管理的指导意见》，进一步细化了家庭医生签约服务内容、服务费用、技术支撑、管理考核、宣传培训等。此外，家庭病床服务是指"对适宜在家中连续治疗，又需依靠医护人员上门服务的患者，在其居住场所设立病床，由指定医护人员定期上门提供治疗、康复、护理、临终关怀及健康指导，并在家庭病床病历上记录服务过程的一种城乡家庭医生式服务形式[①]。"

北京、上海、广东等地开展家庭医生及家庭病床服务试点，对上门医疗服务进行规范。北京市规定社区卫生服务机构应为居住在家的老年人开展社区家庭医生式服务，对老年人常见病、慢性病进行综合管理，开展医疗、护理、康复服务指导。2019年北京市社区卫生服务机构为老年人建立健康档案357.6万份，为65岁及以上老年人健康管理127.9万人。老年人家庭签约189万人，上门服务13.5万人次。同时为鼓励家庭医生积极性，建立家庭医生签约服务奖励机制，签约经费标准为重点人群每人每年100元，普通人群每人每年50元，其中，签约经费的70%经考核后用于家医团队人员奖励。2020年，北京市将探索开展家庭病床服务，探索家庭病床取消医保支付底线，给予参与家

---

① 资料来源：《家庭病床服务规范》。

庭病床舒缓医疗照护的医护人员一定的政策支持，进一步探索适合首都特色的"互联网+护理"服务模式。①

上海市从 2011 年起启动居民与全科医生签约试点，旨在提升全科医生在慢病管理、延缓急症发生中的作用。2010 年上海市在国内率先建立家庭病床地方标准《家庭病床服务规范》，对家庭病床收治标准、服务内容、服务项目、收费标准、人员资质等进行了规范，在一定程度上降低了医疗风险，规范了家庭病床工作。并规定从事家庭病床工作的医生、护士，应具有注册执业医师和注册护士资质，并具有 2 年以上临床工作经历，能独立工作。②上海市打造老年健康服务的社区平台，依托社区卫生服务中心建立家庭病床，截至 2018 年共建立 5.41 万张。

广东省进行家庭医生式服务包试点，试点从签约的慢病人群、老年人群开始，使用"慢病人群健康管理和基本医疗服务包"，该服务包包含常见的 15 个慢病病种。通过基层医疗机构与城乡居民签订合同，家庭医生服务团队会为罹患慢病人群制定服务计划、明确服务对象和服务内容，确定服务频次，阐明预计的服务效果并明确服务费用，使服务对象能够足不出户获得标准化、规范化、整合连续、个性化的诊疗、康复、护理服务。此外，广东省制定了《广东省开展家庭病床服务工作指引（试行）》，对长期卧床、生活不能自理且有慢性病的患者建立家庭病床。服务项目包括建立健康档案、全科医疗、社区护理以及中医中药服务，血常规、尿常规等检查以及重点人群专案管理及随访、周期性体检、心理健康指导、营养膳食指导、疾病预防指导和健康保健知识指导等。

---

① 资料来源：北京市民政局养老工作处《构建特大城市养老服务体系的北京探索》，《社会福利》，2019 年第 3 期。
《聚焦改革试点成果 致力居家和社区养老服务发展》，《社会福利》，2020 年第 2 期。
② 资料来源：孙肖潇等，《医护人员上门医疗服务开展现状及执业风险分析》，《上海预防医学》，2016 年第 4 期。

四　居家适老化改造服务探索

（一）居家适老化改造服务地方实践

为了让老年人在自己熟悉的环境中安度晚年，除了对公共空间进行适老化改造外，还需根据老年人群生理特点和生活习惯进行户内适老化改造，例如对老年人家庭的地面、居室、厨房、卫生间以及家具配置、细节保护等进行一定改造，以更利于老年人通行、洗澡、如厕等，缓解老年人因生理机能衰退导致的生活不便。在居家适老化改造方面，上海市和北京市走在全国前列。

上海市自2012年起连续八年实施低保困难老年人家庭居室适老化改造项目，在一定程度上改善了低保困难老年人的居住环境，提高了其生活质量。2020年3月，上海市民政局出台《关于本市开展老年人居家环境适老化改造试点的通知》，决定在上海市部分街道试点开展面向老年人家庭的居室环境适老化改造。目前，制约老年人居家适老化改造的重要因素在于资金筹措机制。上海市探索"政府补贴一点、企业让利一点、家庭自负一点"的资金分担机制，引导和支持包括困难、无子女、失能、高龄等特殊群体在内的全体老年人家庭实施适老化改造。在居家适老化改造服务方面，上海市根据老年人需求探索出不同场景下的适老化改造服务标准，老年人依照自身需求选择不同类型的服务包。所改造的内容包括卫生间、厨房、客厅、卧室、阳台等日常活动区域的施工改造服务。老年人可根据实际需求选择基础产品服务包和个性化产品服务包。其中，基础产品服务包是为满足老年人一般家庭基本的适老化改造要求，主要根据肢体支撑需要，安装易于抓握、手感舒适的扶手和抓杆类产品；根据地面防滑处理需要，安装防滑贴、防滑垫等产品；安装易燃气体和火灾自动监测报警、防灾应急装置等老年安全防护产品。个性化产品服务包主要是为满足不同老年人、不同居住环境要求，可以选择智能家居类、健康监测类等产品及服务，也可选择开展局部或全屋适老化施工改造服务。[1]

---

[1] 资料来源：袁楠.《上海市：创新适老化改造路径》，《中国社会工作》，2020年10月。

北京市从2016年启动老年人家庭适老化改造，加大对托底保障、困境保障、重点保障群体中的老年人家庭的适老化改造支持力度。建立适老化改造需求评估机制，由第三方专业机构入户进行需求评估，坚持"一户一设计一方案"，为改造实施提供支持。建立闭环管理体系，加强服务质量监控，由评估机构对服务商施工情况进行审核验收并开展满意度调查，最大限度发挥改造设施的使用价值、提高使用效率。老年人家庭适老化改造主要包括康复辅具适配、居室环境优化、家装改造等。同时结合老旧小区综合整治，持续推动多层老旧住宅加装电梯工作，为老年人居住、生活提供便利。

（二）居家适老化改造面临的主要问题

一是，老年人及其家属对居家适老化改造认识有限，缺乏改造意愿。各地进行适老化改造过程中，老年人及其家属尚未认识到居家适老化改造的重要性和必要性，认为适老化改造太过"大动干戈"，并不同意服务商入户改造。最终居家适老化改造大多变为配备老年用品，失去适老化改造的初衷，老年人群获得感有限。

二是，居家适老化改造资金支持有限。以北京市为例，一些区对特殊困难老年群体的居家适老化改造予以资金补贴，但相对于居家适老化改造的评估、方案制定、改造及后续维护所需经费来看，补贴资金往往杯水车薪，不利于居家适老化改造服务的可持续。同时，尚未探索出成熟的、可复制、可推广的多元主体支付可持续模式。

三是，社会公众对适老化改造认识存在误区。目前整个社会对居家适老化改造的认识大多停留在安装卫生间扶手、做好地面防滑处理等方面。事实上，居家适老化改造是一项系统工程，需要对居家整个环境进行适老化评估，考虑光线照明、地面去高、开门方向、门把手设计等，甚至包括轮椅等康复辅具是否符合老年人身体特征等，再根据老年人日常生活习惯进行"一户一方案"的改造。

（三）居家适老化改造的对策建议

一是，加强宣传引导，普及居家适老化改造常识。适老化改造、无障碍设施不仅仅停留在公园、马路，很多研究表明，跌倒是造成老年人去世或失能的重要原因，而老年人退休后居家时间较长，对于家庭的适老化改造更为重要。同时，居家适老化改造是一项具有专业性的系统工程，可以人口老龄化国情教育为契机，进一步向全社会普及居家适老化改造常识，提高全社会对居家适老化改造的认识水平。

二是，探索居家适老化改造的补贴政策。目前，上海市正探索居家适老化改造"政府补贴一点、企业让利一点、家庭自负一点"的资金分担机制，但其内部平衡点仍有待探讨。政府在进行补贴过程中，应坚持补需方，妥善处理好适老化改造多部门监管体制机制。

第三节　拓展居家养老服务方式

近年来，居家养老服务方式不断创新，服务方式创新的背后是理念的创新。我国居家养老服务已经从"有没有"阶段走向"好不好"阶段。整合、连续、专业、便利、有质量的服务理念开始深入人心，各地相继拓展居家养老服务方式，探索集中式社区居家养老服务，将机构的专业化服务与社区居家熟悉的环境相结合；探索"党建＋居家养老"服务模式，构建"中国特色"的党委领导、政府主导、社会参与、全民行动的服务格局；探索"互联网＋居家养老"服务，打破信息孤岛，提高服务效率效能。

一　居家、社区、机构养老服务融合发展模式

（一）集中式居家养老社区

为积极破解社会资本参与新建养老服务设施的资本流动性瓶颈，国内很多地区以日本的服务型住宅小区为模版，进行集中式居家养老模式探索实践，社区内有专业机构通过社会化、产业化的方式为老年人服务，来满足老年人个性化、多样化的服务需求，采用分层服务的

方式探索共有产权式集中居家养老社区。

集中式居家养老社区[①]以共有产权为核心，将居家养老、社区养老和机构养老服务相融合。集中式居家养老社区包括公共服务空间和居室空间，其中公共服务空间分为生活照顾空间、医疗空间和传统的养老长期照护空间。该社区只服务于60岁及以上的老年人，由具备专业技术资质的服务人员为其提供专业化的医养服务。对于产权的设定是养老社区的核心，该社区实行95%的产权转移，老年人的房产证中包含95%的产权，剩下的5%的产权由开发商持有，一方面老年人得到了大多数产权，另一方面开发商作为产权持有方有动力长期为社区老年人服务。同时限制房屋的买卖和出租，在社区购买之前服务商与购买者需签订协议，必须保证入住者为60岁及以上的老年人。国内首个集中式居家养老社区试点是北京双桥恭和苑试点，本部分则以北京市恭和苑为例，剖析集中式居家养老社区的特点。

双桥恭和苑融合专业化医疗、个性化护理和社区化生活配套，为老人提供生活照料、保健医疗等照护服务。在双桥恭和苑旁，企业投资兴建双井第二社区卫生服务中心，为入住恭和苑的老年人提供医疗服务保障，同时作为一级医院，服务范围延伸到社区，为社区内老年人提供上门诊疗、上门护理等服务，形成机构、社区、居家三级联动，卫生服务中心通过医联体与上级医院结合，有效实现分级诊疗。同时，企业正在构建医疗资源平台，利用互联网对接医疗资源和客户，在平台上进行服务的预约、转化和支付，使服务能够连接到更多的资源。

但是，集中式居家养老社区在试点过程中也面临一定挑战。一是面临资产较重、资源稀缺困境，如何打破资产的流动性，让服务机构能够更有效地获取资源成为难题；二是集中式居家养老社区期望建成共建共治共享的社区共同体，但是人们难以从"社会人"转变为"社区人"，社区意识较弱、共同体观念未建，如何把街道、社区的自治、共治的力量融合起来值得深思；三是养老服务与老年人的需求仍然存在无法对接现象，服务方找不到服务对象，需求方得不到服务，应如何利用

---

① 以北京市集中式居家养老社区为例。

社区资源将老年人需求与服务商服务供给相匹配需要进一步探讨。

不可否认的是，共有产权集中式居家养老社区模式是在房价高企、人口老龄化加剧背景下，推动社会资本进入养老产业，实现共建共治共享的有益探索。下一步需要探究在已有的社区、街道如何基于现有区域形态和生活方式提供养老服务，以及在新建的养老社区如何引导老年人接受新的生活方式、消费理念，如何规范服务与标准，并精准对接老年人的养老服务需求。

（二）机构养老服务辐射居家养老

目前，很多地区通过养老机构辐射社区居家养老服务，解决城乡养老服务资源不足以及居家老年人难以获得专业化照护服务的难题，保障养老服务设施得到最大化利用，发挥养老机构区域性养老服务中心的作用，促进机构—社区—居家三位一体融合发展，使养老机构的专业化人员进行上门护理、上门指导，打破养老机构围墙，充分发挥专业机构、专业人才的效用。

四川宜宾采取机构延伸居家养老服务的方式，在康复照料方面，市老年康复中心嵌入社区，引进全国一流的"上下肢康复机器人"、"数字化跑台"、水疗等老年康复设备，开展专业老年康复服务。示范建设一批社区嵌入式康复型日间照料中心，重点满足失能半失能老年人就近、专业康复服务需求。教育培训方面，加强"校地合作"，成立护理员公司，依托市社会福利院建设实训基地，打造"夕阳天使"技能培训品牌，开展养老管理人员、护理人员和面向失能老人家庭照护者培训，培养一支具备基础护理、生活护理等专业知识技能的养老护理服务队伍。上门服务方面，多家养老机构面向老年人家庭开展护理服务，建立家庭病床，开展助洁、助浴、助餐、巡访探视等养老延伸服务。[1]

---

[1] 资料来源：《聚焦改革试点成果 致力居家和社区养老服务发展》，《社会福利》，2020年第2期。民政部官网，《宜宾"市区一体化"模式助推康养融合发展》，http://www.mca.gov.c

二 "党建+居家养老"服务模式

目前,党建已经成为汇聚民心民意、为老年群体谋福祉的重要方式。四川省宜宾市、北京市丰台区、江西省新余市等地探索"党建+居家养老",将党建工作融入到居家养老服务中,走出一条具有中国特色的服务模式。

一是构建"思想共同体"。依托社区党群活动中心、社会组织孵化基地、社区社会组织工作驿站,免费提供阵地,引入社会组织,开展健康咨询、人口老龄化国情教育等服务。各地结合机关党组织和党员"双报到""学雷锋"等活动,大力推行为老志愿服务"积分制",引导非公企业捐赠建立"爱心超市",以志愿服务积分换取礼品,发展老年志愿服务队伍。

二是构建"文化共同体"。把文化建设融入各类为老服务活动,以活动暖民心、贴民心、聚民心,在潜移默化中引导老年人铭党恩、听党话、跟党走。例如组织社区老党员开展"主题党日""集体政治生日"等活动,实行动态开放的党员教育管理模式。社区党组织、辖区单位党组织与涉老协会党组织开展文体联谊活动,营造健康向上的社会文化。依托基层党员服务队伍,及时收集老年人服务诉求,反馈服务组织,同心协力为老年人排忧解难。

三是构建"为老共同体"。建立为老服务资源清单、老年人需求清单和为老服务项目清单,将老年人的服务需求与服务供给精准对接。建立养老、文化、医疗、助餐等资源清单,及时公开公示。将社区党群服务中心、党建文化中心、康养中心等养老服务设施共建共享,同时提供社区居家养老服务。依托基层党员、社区工作人员、民政协理员等,开展入户走访调查,发放老年人基本情况需求调查问卷,精准建立需求清单,分类梳理助医、巡视探访、助餐、康复理疗、家政服务、文化娱乐等多类养老需求。同时将老年人需求与服务供给精准对接,采取特长老人、老协会、党组织、服务企业认领老年人服务需求清单和区域党委统筹安排相结合的方式,明确服务单位和服务人员。

四是构建养老应急服务网络。切实发挥基层党组织和党员志愿者在居家养老服务中的先锋模范作用，对于空巢或独居老人予以邻里关怀。在服务理念上，倡导"身边人服务身边人"的邻里亲情服务模式，形成基层党组织、党员志愿者与空巢独居老年人新型的"家庭"关系。在服务链条上，搭建起党建功能引领、社会服务资源、综合技术支撑、服务效能监管平台，形成需求收集、供需对接、服务提供、服务评价完整的工作链条。在服务组织上，构建政府统一领导、街乡（镇）党（工）委统筹调度、社区（村）党委全程监管、基层党支部开展服务、党员志愿者广泛参与的五级体系，让党组织服务网络的机制清晰、主体明确。

案例专栏

"党建＋颐养之家"，开创农村居家养老新局面

江西省新余市坚持以"党建＋"为统领，实施老人舒心、子女安心、党群连心的幸福工程，全面推行农村颐养之家建设。一是因地制宜建"家园"，采取"1+N"模式，即在老人相对集中的自然村建颐养之家，在老人相对分散的自然村设置若干个小型活动点。二是贴心管理立"家规"，坚持入"家"自愿、退出自由，制定出台《颐养之家运行成本管理十条》等。三是多措并举筹"家资"。建设经费以财政投入为主，运行经费以老年人"自养"为主，还积极动员社会各界奉献爱心捐款捐物。四是精细服务保"家安"。挑选老党员、老干部等组成理事会，倡导自主、互助管理。

资料来源：《聚焦改革试点成果　致力居家社区养老服务》，《社会福利》，2020年第2期，下同。

三 "互联网＋居家养老"服务模式

进入信息化时代，互联网在居家养老服务中发挥着越来越重要的作用。"互联网+"的一大特点在于，打破了服务时间和地点限制，通过互联网能够使老年人居住在熟悉的家庭或社区内便可享受专业化、高质量的服务。近年来，各地积极探索实践互联网嵌入养老服务，例如建立信息平台，进行大数据管理。一方面将老年人需求与政府和社会力量供给资源对接，另一方面通过建立养老服务信息系统来将民政、卫健、人社等多个涉老部门相关数据整合管理，加强为老服务资源整合。此外，也有地区打造没有围墙的"数字化养老院"，让老年群体足不出户享受互联网带来的服务便利。

案例专栏

打造数字化养老院

上海市杨浦区积极推动"数字化养老院"建设，通过评估对老年人居家环境进行科技适老化改造，利用物联网和无线传感技术，对老年人进行24小时实时监测和风险防控。当老年人有服务需求或监控中出现老年人需要服务时，信息服务平台会自动采集并识别老年人的服务需求，调控专业养老机构的养老服务资源，安排人员上门为老人提供照护服务，实现各环联动。

资料来源：同上。

案例专栏

通过信息化推动养老服务资源整合和共享

江苏省无锡市建成市、区、街道（镇）、社区（村）四级联网、标准统一、互联互通的养老服务信息管理系统，并结合物联网、移动物联网、大数据等技术，建成全市智慧养老平台，打造智慧养老服务"五张网"，即精准服务网，精准掌握老年人服务需求，对老年人喂药、擦洗、组织活动等需求"随呼随应"；高效管理网，实现养老机构内部管理高效化，民政部门监管和服务高效化；安全保障网，通过定位求助、跌倒自动监测、安全防范报警等智能服务，能够有效防范和规避老年人跌倒、走失等各种风险；健康保健网，利用卧床监测设备、可穿戴式设备等技术，实现老年人健康体检动态化和智能化；社区餐饮网，支持养老机构、区域性助餐机构的餐饮功能延伸到社区和居家。

资料来源：同上。

第四节 强化居家养老服务人才培养

养老服务人才短缺一直是制约养老服务业发展的重要因素。从全国范围来看，养老服务人员大多呈现专业性不强、流动性较大、薪资待遇不高、社会认可度较低等特征。现阶段，我国在机构养老服务方面出台了服务标准，如《养老机构服务安全基本规范》，对养老机构服务安全的基本要求、安全风险评估、服务防护、管理要求等做出一系列操作化规定；又如出台《养老机构登记划分与评定》，即养老机构星级评定的"国标"，对养老机构执业证明、工作人员应具备的要求或资源、空间环境、设施设备、运营管理与服务等进行了细化要求。然而，居家养老服务发展尚且不够成熟，行业标准未普遍建立，除了各地《居家养老服务条例》对服务标准及人员资质进行简要规定外，目前并无针对居家养老服务特别是居家养老服务人才的规范化标准体系，对于上门诊疗、上门护理等人员技术标准正处于完善阶段。

针对养老服务人才面临的一系列问题，各地着手在养老服务人才培养、培训、就业激励等方面进行探索，创新养老服务人员培养培训体系。

一是加强养老服务人员培训。例如北京市石景山区对于养老护理人员流动性较大、专业化水平不高等问题实施养老护理职业队伍"百千万大培养工程"，"百"是指先培训出500名具有初级以上职业资格的养老护理员；"千"指由上述 500 名养老护理员对 1000 名左右的志愿者开展讲座、培训等，提高志愿者的专业化水平；"万"指再由上述 1000 余名志愿者对万户左右家庭成员进行失能失智居家老年人护理知识培训，由此带动全区宣传爱老护老知识，提高老年人群的护理水平。

河北省唐山市重点加强养老服务人才培养。在人才培育机制、激励机制和人才保障方面出台相关政策。对毕业后稳定从事养老护理工作或参加短期护理培训的人员予以补贴。此外，唐山工业职业技术学院着力培养养老护理人才，对该校老年服务与管理专业的学生免学费，并设立奖学金。此外，注重产教融合，养老机构与市、县民政部门合作共同培训养老护理人员。

二是加大对养老护理员的支持激励。江苏省南京市对从事养老护理岗位的大中专毕业生，一次性给予 3 万—5 万元"入职补贴"，对所有工作满 1 年的养老从业人员，每月给予 100—800 元"岗位补贴"，并纳入"积分落户"条件。同时，加强对养老护理相关职业褒奖机制。例如定期开展养老服务职业技能竞赛，对于竞赛中表现优异者可以获得市级劳模、"五四"青年奖章、"三八"红旗手等荣誉。[1]

山东省威海市在实施养老护理员免费培训政策的基础上，为提高各单位对养老护理员培训的积极性，对培训初级养老护理员的学校予以每人 1500 元的补贴，对培训中级养老护理员的学校予以每人 2000 元的补贴。此外，针对开设养老护理专业的高等院校，予以一次性 10 万元的奖励。对于满足一定条件的养老护理员按职级予以补贴。[2]

三是统筹多方力量，开展"三社联动"。重庆市渝中区着力推进"三社联动"，重点解决养老服务人才短缺问题。在社工服务方面，鼓励将社会工作者嵌入养老机构提供服务。同时，打造示范社区工作室，充分发挥社会工作者的作用。在社会组织方面，引导养老机构成立社会

---

[1] 资料来源：黄瑶.《南京探寻"大城市养老"的破局之道》，《中国社会报》，2019-05-08。
贾琳.《破解大城市养老难的"南京样板"》，《中国老年报》，2019-05-23。
[2] 资料来源：陶杰.《威海市居家和社区养老情况调查》，《山东经济战略研究》，2019 年第 9 期。

组织，并鼓励各社区养老服务站自建志愿者队伍，探索"社工+义工"联动模式提供为老服务。

从总体上看，虽然各地已经采取多项措施加强人才培养培训，但与对养老服务人才的需求相比，与家政、托育等相关行业领域人才发展速度和质量相比，现阶段养老服务人员仍存在供给少、流动性大、专业性弱、待遇低、认同感不强的现象。与之相对应，养老服务或老龄相关学科建设和人才培养还没有引起足够的重视。现有针对老年学、养老服务、老年康复等相关专业发展处于起步阶段，但教育部公布的《普通高等学校本科专业目录》（2020年版）和《2019年度普通高等学校本科专业备案和审批结果》增设的老年学专业列入普通本科专业是养老领域人才培养的一大进步。接下来，应进一步将养老服务特别是居家养老服务人才队伍建设纳入卫生健康和养老服务发展规划，针对目前养老服务人才短缺、专业性不强的问题，分级分类对相关人员进行专业和服务培训，同时加强相关专业人才培养和服务标准规范的制定。

本章小结

本章重点从居家养老服务设施建设、服务供给、服务模式和人才培养四个维度探讨居家养老服务的地方探索与实践，阐述各地实践现状，总结实践经验，明确实践中发现的问题，从而提出对策建议。具体而言：

1. 近年来我国居家养老服务设施建设数量持续增加。截至2018年底，全国社区养老服务机构和设施4.5万个，互助型养老设施9.1万个，社区留宿和日间照料床位347.8万张。同时，北京、上海、江苏、山东等地探索出不同的养老服务设施建设和运营模式。然而，土地短缺仍然是目前制约居家养老服务设施建设的重要原因，同时居家养老服务设施也面临着标准化规范化程度不高等问题。

2. 各地开始注重完善养老助餐服务体系。北京市采取"政府支持一点、村集体负担一点、老年人支付一点"方式探索提出符合本地实际需求的养老助餐服务体制方式；浙江省绍兴市采取开办老年食堂、依托养老服务机构配送餐、委托社会餐饮企业配送餐等多种形式为特殊困难老年群体提供助餐服务。广东省广州市通过打造布点社区化、筹资多元化、运营社会化、服务个性化的大配餐服务体系有效解决困难老年人用餐难问题。然而，总体而言，老年助餐服务尚无成熟可持续的经营模式，多部门监管致使老年助餐服务审批难，服务对象不精准致使真正需要服务的老年人被忽略。因而需要进一步采取多种措施保障老年助餐服务可持续发展。

3. 上门探访服务是专业工作人员通过入户探访或电话探访等形式，旨在了解老年人的生活状态和养老服务需求的一种居家养老服务。北京市的上门探访服务特色鲜明，通过专业人员定期巡视探访，起到老年人风险预判的"吹哨人"作用。但是，被探访对象需进一步精准，探访频次应因需及时调整，服务对接尚且不足，需进一步调整服务对象、丰富服务内容、拓展服务方式。

4. 医养结合不仅仅存在于机构层面，在社区居家层面的医养结合需提上日程。北京、上海、广东等地开展家庭医生及家庭病床服务试点，对上门医疗服务进行规范。但现阶段居家层面的医养结合仍停留在试点和探索阶段，尚未形成标准化规范化的实施路径，政策和试点效果仍有待进一步显现。

5. 为进一步预防老年人跌倒造成失能风险，让老年人在自己熟悉的环境中安度晚年，近年来，老年人家庭适老化改造开始受到关注。上海市和北京市的老年人家庭适老化改造走在全国前列，两地出台相关政策并予以资金支持。但是，目前很多老年人及其家属对居家适老化改造认识有限，缺乏改造意愿，居家适老化改造资金支持有限，社会公众对居家适老化改造认识存在误区，等等，造成居家适老化改造仍尚未全面铺开。需要进一步加强宣传引导，普及居家适老化改造常识，同时探索居家适老化改造的补贴政策，保障居家适老化改造被接受、可持续。

6. 近年来，各地相继拓展居家养老服务方式，实现居家养老服务方式创新发展。探索集中式社区居家养老服务，将机构的专业化服务与社区居家熟悉的环境相结合；探索"党建+居家养老"服务模式，构建"中国特色"的党委领导、政府主导、社会参与、全民行动的服务格局；探索"互联网+居家养老"服务，打破信息孤岛，提高服务效率效能。

7.养老服务人才短缺一直是制约养老服务业发展的重要因素。从全国范围来看，养老服务人员大多呈现专业性不强、流动性较大、薪资待遇不高、社会认可度较低等特征。针对养老服务人才面临的一系列问题，各地着手在养老服务人才培养、培训、就业激励等方面进行探索，创新养老服务人员培养培训体系。接下来，应进一步将养老服务特别是居家养老服务人才队伍建设纳入卫生健康和养老服务发展规划，针对目前养老服务人才短缺、专业性不强的问题，分级分类对相关人员进行专业和服务培训，同时加强相关专业人才培养和服务标准规范的制定。

第六章
居家养老服务面临的现实困境

本章主要通过一系列调研与数据，尝试厘清目前我国居家养老服务面临的现实困境。虽然近年来关于养老服务特别是居家养老服务的政策密集出台，但仍面临一些政策落地困难，现实中居家养老服务存在"买不好、买不起、买不安"的现象。在老年健康服务方面，在家庭医生试点中出现"有签约"但"无服务"问题，导致家庭医生签约率较高但签约服务率较低。在"互联网＋居家养老服务"方面，出现重硬件技术轻软件服务状况，应警惕服务"空心化"风险。此外，农村养老服务一直是养老服务体系中的短板，同样农村居家养老服务也面临着一系列发展困境。

第一节 居家养老服务五大政策落地难题

近年来，政府在养老服务业放市场、促消费、建标准、提质量等方面屡出实招，仅 2019 年中央层面出台有关养老服务的相关政策就多达十余项。然而，通过对国内大中型养老服务商、国有银行和险资企业以及各省市地区进行深入调研后发现，一些养老服务政策获得感普遍不强，"政策高高挂起"现象严重，政策红利有待释放。

一 居家养老服务五大政策落地难

（一）土地政策难执行

调研发现，养老服务近70%的成本来源于土地房屋。尽管国务院办公厅、自然资源部发文规定设置专门养老用地类别，保障非营利性养老服务机构用地、以多种有偿使用方式供应养老服务设施用地，但在具体落实过程中仍面临政府供地难、社会资本获取途径单一且价格高、部门规定不一致的问题。

从供给数量看，与老年人快速增长和民间资本强烈的用地需求相比，养老用地预留空间不足，特别是在土地资源紧缺、用地成本畸高的"寸土寸金"大中型城市，养老服务投资期长、税收少、微利性特征难以有效激发基层政府供地和社会资本投资的积极性。

从土地获取方式看，社会资本主要通过土地招拍挂以及申请存量改造支持两种方式获取土地，政策中所提及的通过划拨、租赁、协议出让、利用农村集体建设用地等多种供地方式较少，土地获取方式相对单一。同时，有养老用地依然参考办公用地用途收取地价，补缴地价部分总额相对行业低利润而言价格过高，与功能性质不匹配。

从部门规定看，在养老项目立项、建设、运营等不同阶段，存在不同主管部门对土地性质要求与审查依据不统一的问题。例如，规划主管部门要求以满足某种土地性质（如商服用地）而不是养老项目性质的法规，作为审查设计图纸、核发建设内容和容积率等指标的依据；而在项目运营期，民政主管单位又要求以满足养老机构建筑法规作为核发经营许可的依据。不同部门对土地和建筑的要求增加了不必要的协调成本和审批难度。

（二）设施建筑问题多

历史问题难解决。政策鼓励利用闲置的既有设施改造作为养老用途，但是"有房难改"现象普遍存在。原因在于相当一部分的既有建筑建设年代久远，原始资料缺失，在结构、消防、规划、节能等方面不符合新标准，很难通过审查，甚至改造成本远远高于新建成本，增加企业负担。虽然政策提及地方政府采用"一事一议"方式解决，但受制于建设规范标准，有关部门没有政策突破依据，仅靠地方政府难以推动。

规范标准不统一。调研发现，当养老项目建在医疗慈善用地、商业服务用地等时，由于土地性质未包含医疗设施，故不能建造医疗相关设施，但是一些地方民政部门验收时要求配有医疗设施，造成部门要求错位。又如，目前国家没有统一的养老机构建设改造标准，而一些地区如北京、上海、武汉等地设置的地方标准有待进一步精准，目前普惠养老机构主要采用《老年养护院建设标准（建标 144-2010）》，但该标准单床建筑面积高于养老设施建筑设计规范国家标准，变相增加了改造成本。

（三）税费补贴有障碍

税费优惠实施细则有待完善。目前在中央层面出台诸多养老服务税费优惠指导性意见，但具体实施细则亟须完善。调研发现，在房产税方面，很多地区只能在运营期间享受优惠，建设期无优惠。很多服务商表示，由街乡提供的很多设施由于历史遗留问题导致房产证不全，使得税收优惠无法享受，"一事一议"办理困难且进程较慢。

补贴的逆向选择风险凸显。虽然养老服务补贴政策是鼓励社会力量参与养老服务的重要手段，但需警惕养老服务商"只重补贴，不重服务"现象。调研发现，很多养老服务商开展服务以补贴项目清单为准则，哪项服务给补贴则开展哪项服务，而非将精力集中于服务和管理水平上。也有服务商表示只有与街乡"搞好关系"才能够顺利获取补贴。而街乡社区则表示因缺乏管理和约束养老服务供应商的手段和措施，市场监管困难，补贴发放难达效果。

补贴亲疏有别、标准不一。通常而言，养老服务机构的建设、改造、运营补贴政策因机构营利与非营利性质而有所差异。因此，实际中很多机构在注册时采取"一个机构，两块牌子"的做法，民非注册用于领取补贴，工商注册用于利润分红，造成政策目标曲解。此外，调研发现，同一省市不同地区因财力不同而导致养老服务补贴标准差异大，致使服务商大多集中于补贴标准较高的区域，人为造成养老资源分布不均与市场分割，给跨区域协作带来挑战。

（四）融资举措存矛盾

养老服务机构融资难一直是制约社会力量参与养老服务的重要矛盾点。尽管近年来政府出台多项创新举措意图解决融资难问题，但在具体实施过程中却面临诸多障碍。

高融资准入门槛与低主体实力的矛盾。虽然政策强调"对从事养老服务行业并符合条件的个人和小微企业给予贷款支持"，但大部分养老服务主体资产规模较小，盈利能力较弱，风险等级较高，项目主体借款合规性存在争议。调研发现，尽管国家政策已经规定，养老用地可用于抵押贷款，但在实际操作中，各地养老项目的土地证差异较大，有医疗用地、公益用地（养老）、养老用地等各种名目类别，很多地区的抵押登记机关不接受上述用地的抵押登记办理。

高融资担保需求与低变现能力的矛盾。当前市场上担保费率普遍较高，对于盈利能力较低的养老企业，很难找到费用可承受的担保资源，且医疗卫生慈善、科教等性质用地的变现能力较弱。以养老产业投资基金为例，养老产业投资基金如果没有在税收方面（增值税、企业所得税、个人所得税等）享有高于现有创业投资基金的优惠政策，基金本身的运营和可持续就有困难，因此，在实际运作中，私募股权投资基金、创业投资基金等进入养老服务领域并不多。

（五）监管制度待理顺

由于养老服务跨行业跨领域特征使得养老服务监管存在多主体和多部门性。虽然政策提及要"建立养老服务综合监管制度，建立各司其职、各尽其责的跨部门协同监管机制"，但在实际执行中仍存在多部门监管政策不一现象。

以老年助餐服务为例。民政部门鼓励社区养老服务机构依托中央厨房为老年人提供送餐服务，市场监管部门则依据外卖配送服务规范标准进行监管，致使社区养老服务机构送餐服务难以"合规"。

以智慧养老服务为例。目前很多地方政府通过购买服务的方式购买服务硬件作为支撑养老新业态的方式。但是，硬件背后的后续服务尚未跟进，导致智慧养老服务"有名无实"。比如，一些开发智慧养老终端的企业建立紧急救助服务中心，但是救助涉及入户紧急救援问题，如果终端呼叫救助，需要与120急救中心联动，此时更需要政府部门配合协调。

以养老服务企业注册运营为例。企业注册审批在工商局，运营阶段监管在民政局，有调研发现养老服务企业在前期注册与运营标准不一，特别是多点营业方面需要部门统筹协同，打通跨区域经营渠道，解决养老企业"准入不准营"的问题。

以社区居家养老服务监管为例。目前对于养老机构的监管体系相对健全，但对于社区居家养老服务质量监管仍存在职能不清，属地监管、行业、部门监管暂无抓手，导致老年人消费后对服务质量的追溯和监管缺失、老年人维权困难，也造成了潜在需求不能得到有效激活，老年人不敢花钱、敲不开门现象普遍存在。

二 影响政策落地的原因分析

（一）政策效能有待进一步释放

近年来养老服务特别是居家养老服务的相关政策出台很多，起到补空白、引市场、促消费的作用。但各部门政策出台过多过快，且政策导向变化较大，不利于市场稳定发育。

一是政策实施细则不甚明确。例如，文件提及"全面清理、取消申办养老服务机构的不合理前置审批事项，优化审批程序，简化审批流程；养老服务机构审批涉及的有关部门，应主动公开审批程序和审批时限"。但地方落实时对于哪些事项不合理，哪些程序待优化，哪些部门应公开，没有明确的清单，使得该项规定在执行的时候缺少落脚点。

二是政策在居家养老方面有所缺失。目前政策里市场的准入机制、审批条件等大部分还是关注养老机构和照料中心，与居家养老相关的内容相对较少。而居家养老服务恰恰是大多数老年人需要且需进一步明确规范和实施细则的领域，需将居家养老服务考虑在养老服务业发展的各项政策中并加以明确。

三是新兴业态行业标准和支持政策不明晰。诸如智慧养老企业等新兴业态尚处于发展初期，投入资金较多，发展方向不明，可持续性堪忧。例如，目前政府对O2O智慧医疗企业的资质认定及补贴政策不明，使得其在提供服务过程中顾虑重重，不利于养老服务品牌化、连锁化发展。

（二）政策资源未下沉至基层

街乡、社区是养老服务供求对接和"最后一公里"的重要平台，特别是在现阶段"老年人找不到服务商，服务商找不到老年人"的情况下。但是街乡社区抗风险能力较弱，原因在于政策资源、资金、技术等没有落实到最基本的社会治理单元，没有从街乡社区层面进行统筹，同时，在资源下沉中也需注意费随事转、责任下沉。

调研发现，目前很多养老服务特别是社区居家养老服务大都是民政部门出资金，街乡社区执行，民政部门再进行考核监督。但这种方式实际上造成了部门和基层的权责不对等。事实上，社区居家养老服务机构对于选址位置、空间、交通等都有一定要求，但街道为什么要把这样好的地段拿来做养老呢？既然资金由民政部门出，如果社区居家养老服务机构运营不下去，民政部门就会有补贴，街道统筹职责就没有发挥出来。因此，需要进一步厘清部门和街乡社区权责，将部门权责与街乡社区权责相统一，政策资源下沉至基层，使基层单位有动力、有责任承担居家社区养老服务的相关职能。

（三）机构改革带来缓冲期

2018年3月以来，党和国家机关新一轮机构改革开始推进，全国老龄委的日常工作将由民政部移交国家卫健委承担，对于国家和各级老龄委的职能需要进一步明确。各级老龄委的统筹协调作用有待进一步发挥，老龄委成员单位工作相关职能责任分工有待进一步明确，市、区两级老龄办和老龄协会职责有待进一步明确。目前由于有关工作人员流动性较大，工作队伍重组后需要尽快磨合与协调。此外，基层对积极应对人口老龄化的重要性、长期性认识不足，街乡、村居老龄工作者队伍薄弱，不利于政策贯彻执行。

三　加强养老服务政策落地的解决方案

一是加强政策宣传引导。鉴于近年来养老服务政策频发，对于政策文件本身，可推进去除烦琐政策，需进一步排除相似性政策的重复实施，同时各地方相关政策文件要更加可操作化，特别是要有确切的政策解读，根据社会经济状况，让政策解释更加清晰。依托人口老龄化国情教育，重点对养老服务相关政策特别是与居家老年人息息相关的居家养老服务政策宣传进街道、进社区、进村里，解决基层政策知晓率不高、认识不统一问题。同时，政府可以搭建平台，给予龙头企业更多商务对接、国际合作、业务培训、宣传推介等参与机会。

二是权责下沉，充分发挥街乡社区在居家养老服务中的作用。在人们从"单位人"向"社会人"转变之后，社区已经从自治组织更多地演变为一种单纯的居住场所，人们对于社区认同感不再、邻里关系淡漠，对于街乡社区在养老服务中的作用尚未受到重视。很多时候，个体需要为老服务时更多地通过市场渠道获取，而我国居家养老服务市场尚不成熟，产品和服务良莠不齐，老年人维权困难重重，使得老年人获得高质量的居家养老服务越发困难。而街乡社区在此过程中应承担桥梁纽带作用，需进一步赋权基层，将老年人的养老服务需求和服务供给精准对接，从而更好地发挥基层社会治理在养老服务中的作用。

三是建立公开信息制度。制约养老服务政策落地其中的一大阻碍在于信息不对称，首先是政府政策资源与养老服务商信息不对称，其次是养老服务商服务资源与老年人需求信息不对称，最后是政府政策与老年人需求信息不对称。通过建立公开信息制度、建设公开信息平台，将政府的政策资源、国有闲置房产、居家养老服务商信息、服务项目、各类补贴、老年人养老需求等相关信息在保障数据安全的前提下公开在信息平台内，让有关数据充分利用，打破信息孤岛，使各类服务信息公开透明，减少因信息不对称而造成的服务资源浪费和供需错配。

第二节 居家照料服务买不到、买不起、买不安

失能老年人居家照料逐渐成为常态，"一人失能，全家失衡"屡见不鲜。为了减轻家庭照料负担，我国大力发展居家养老服务。然而，现实中人们对居家养老服务的获得感并不强烈，存在"买不到，买不起，买不安"现象。本节以失能老人家庭作为调查对象进行案例分析，深入探讨失能老人居家照料的权力场域发现，老年人家庭照料与居家养老服务存在矛盾博弈，在一定程度上限制了居家养老服务"最后一公里"的落实。通过理顺老年照料的家庭化与去家庭化政策的关系，找到居家养老服务介入家庭照料的连接点和突破口，转变传统养老观念，不仅需要家庭智慧，更需要政策创新。

国家卫生健康委员会2019年7月数据显示，我国人均预期寿命77岁，其中带病生存时间超过8年，失能失智老年人居家照料将成为常态，同时也成为影响整个家庭成员生活质量的较大变数。随着人口老龄化程度不断加剧，"一人失能，全家失衡"现象将普遍存在。

为了破解失能失智老年人居家照料危机，近年来，我国政府和社会力量大力发展居家养老服务，以期为居住在家的老年人提供专业化的照料服务，减轻家庭照料负担。然而，事实上，人们对居家养老服务的获得感并不强烈，养老服务存在"买不到，买不起，买不安"状况。

笔者以一个省会城市多子女家庭为例，还原在居家养老服务发展相对完善的地区，在经济和人力资源禀赋相对较高的家庭内，失能老年人居家照料面临的危机。未来越来越多的失能失智老人及其家庭，该何去何从？

一 调研对象与方法

为了进一步探究失能失智老年人家庭照料现状，厘清社会化的照料服务——居家养老服务的利用和效能，笔者借助春节返乡机会于2020年1月23—29日赴辽宁省沈阳市展开调研。通过深度访谈，以一失能失智老年人家庭为调研对象，以"解剖麻雀"的方式对失能失智老年人、家庭照料者、居家养老服务者之间的权利场域进行案例分析。

调研对象基本情况（图6-1）：被照料者失能失智，男，85岁，曾为高校教师。妻子82岁，罹患多种慢病，腰椎间盘突出。老两口家庭经济状况处于全市中等水平。育有3女，大女儿经济状况较好，在岗；二女儿经济状况相对较差，已退休；三女儿经济状况一般，已退休。老人失能失智两年来，三个女儿轮流照料父亲，曾聘请过3个居家养老服务者，皆因种种原因而最终选择子女照料。

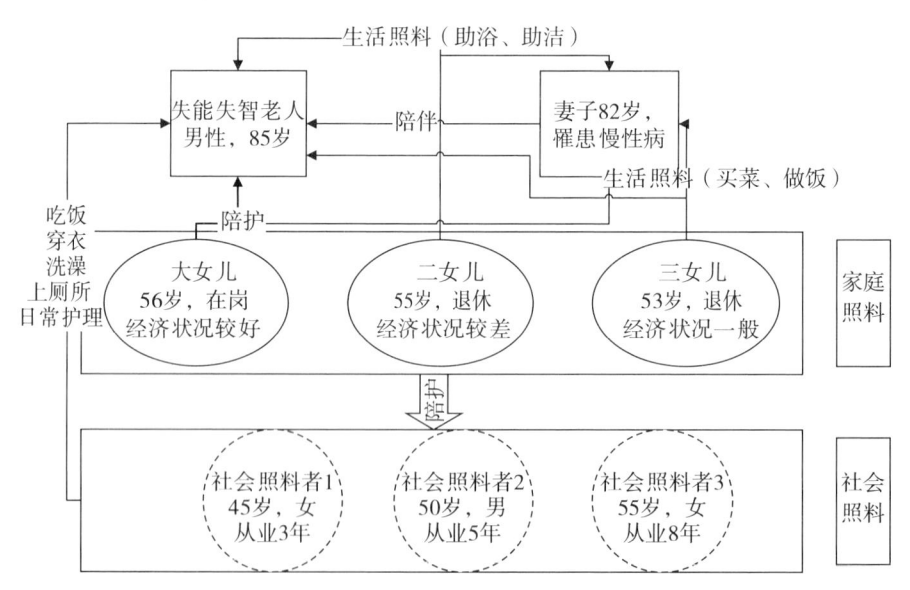

图6-1 调研对象基本情况

二 调研发现

（一）买不到居家养老服务

重熟人关系，轻正式渠道。目前居家养老服务信息的获取大多通过熟人关系，而非正式的信息获取渠道。被调查家庭获取居家养老服务人员的信息主要通过亲朋"口口相传"的方式获取，对于政府或相关服务商的相关宣传均表示不知情，"我们不知道哪家公司的居家护理人员做得好，街道社区也没有类似的信息。除了医院陪护，我不知道去哪里找护理人员，只能问问同事朋友……通过熟人介绍我们也放心些"。

重机构养老服务宣传，轻社区居家养老服务普及。街道、社区、社会组织以及服务商等多将养老机构作为宣传普及的重点，对社区居家养老服务宣传不足，这与当下社区居家养老服务定位不清和服务发展滞后有关。访谈中，家庭照料者一致表示"说到养老院，倒是知道几家，特别是公办的，但我们有三个子女，绝不会把老爷子（被照料者）送到养老院。你说的社区居家养老，没听说过"，甚至会将居家养老服务者等同于保姆。

（二）买不起居家养老服务

失能失智老人居家照料者费用远高于养老金收入。沈阳市月平均养老金约2500元[①]，而当地居家养老服务者费用少则每月五六千，多则上万元，普通家庭通常很难承受。调研中受访者表示"我们也是迫不得已才请人照顾，老爸需要插管（鼻饲），需要专业人员来打饭，我们家属不会；请人照顾一个月要7000多块钱，除了我父母的工资，我们家有三个子女，每个人都出一点才行，但还是觉得太贵了……"

高昂的照料费用易激化家庭内部矛盾。一旦家庭内开支超过老年人个人承受限度，需要子女与老年人共同分担时，老年人与子女、多子

[①] 数据来源：沈阳市人力资源和社会保障局印发《关于企业退休人员2018年度医疗保险最低划账基数的通知》，提及沈阳市企业退休人员2017年月平均养老金为2479元。

女之间则可能引发矛盾冲突，即面临着"谁给钱？给多少？为什么要我多给？给钱是否不需要承担照料责任？"等诸多问题。以被调查家庭为例，图6-2反映了调查对象的资金流动状况。每个主体之间资金转移支付多为各方权衡利弊与统筹协调甚至妥协的结果。

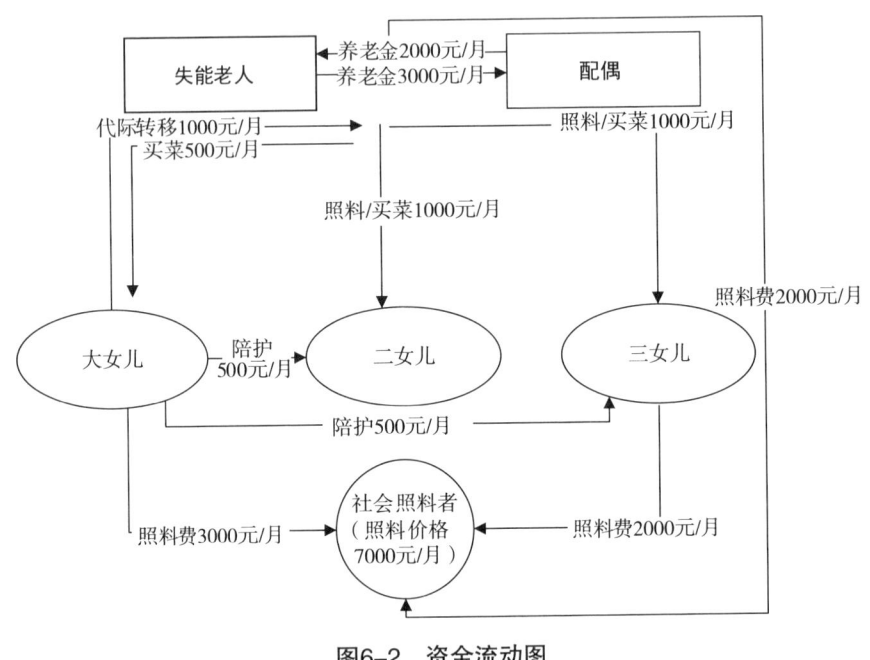

图6-2 资金流动图

（三）居家养老服务不放心

一是居家养老服务专业性不强。居家养老护理员不等同于保姆、小时工，是具有养老护理技能的专业人才。但调研发现，人们对居家养老护理员的认识不到位，很多从业多年的护理人员甚至未经过专业培训，"我们打听了很多人才找到专门从事老年护理工作的人"。

二是居家养老服务质量不高。不同于家政服务，其面临的服务对象是硬件设施，居家养老护理员面临的是具有主观能动性的主体，其与被照料者之间的互动尤为重要，但调研发现，家属支付高额护理费用后，其对护理人员的期待与事实不符，并表示"请别人照顾永远不会像子女一样尽心尽力"（案例如下）。因此，虽然被访者曾聘请了居家养老护理员照料老人，但并不意味着家庭成员没有照料责任，三个女儿往往进行陪护，与其共同照料失能老人。

> **案例专栏**
>
> **她竟然把我父亲的手用绳子绑上，自己睡觉！**
>
> 经过同事介绍，被访者联系到了W姐，她曾经做过8年的护理工作，家人认为很有经验，因此"高价"请来，每个月给W姐支付7000元护理费用。
>
> W姐来到家里后，首先评估了老人的身体状况，认为老人失能、失智，伴有小脑萎缩。因为吞咽功能衰退，只能通过插管即鼻饲进食；且老人大小便失禁，需要辅助进行大小便和洗澡。W姐与三个女儿沟通，其负责帮助老人鼻饲、排便排尿和洗澡，其他诸如做饭、买菜等仍需要家属负责，且每天要有家属配合其进行照料。
>
> 由于插管较为痛苦，在无意识下老人时常会用手将鼻饲管拔掉，一旦拔管再重新插入，老人将承受巨大痛苦且容易感染，因此，照料者需要时刻注意安抚老人情绪，防止老人自行拔管。然而，有一天晚上，三女儿发现，老人的鼻饲管已经被拔出，而照料者却一无所知，仍在看电视、玩手机，子女与照料者沟通后，照料者表示之后会更加小心。
>
> 直到有一天，家属在无意中发现，每到深夜，自己父亲的双手都会被照料者用绳子绑上，然后系在床边，照料者自己安然入睡，以此防止老人半夜自行拔管。家属看到后既气愤又心酸，至此，再没有请过他人照料，只能三个女儿轮流照料父亲。

三　老年人家庭照料与居家养老服务的矛盾博弈

事实上，造成居家养老服务"买不到，买不起，买不安"现象的原因在于我国居家养老服务仍处于起步阶段，无论是政策制度、产业发展还是市场监管等都不够成熟，而造成上述问题的根源在于照料层面，老年人家庭照料与居家养老服务的矛盾博弈一直都未停止。在需求侧，表现为家庭成员普遍认为"家庭照料即为孝，居家养老服务即不孝"，对社会化的居家养老服务持观望甚至排斥态度；在供给侧表现为在政策和制度设计方面，我国一直徘徊在家庭化与去家庭化之间，形成两者间的矛盾博弈。

（一）家庭照料即为孝，居家养老服务即不孝

在工业化、现代化社会发展的当下，传统养老观念依旧根深蒂固。子女家庭养老、家庭照料往往是失能老年人及其子女的第一选择，居家养老服务仅仅起到辅助作用。调研中失能老人的配偶与三个子女一再表示"我们家有三个女儿，为什么还要请人照顾，传出去让人笑话，更不可能把老头儿（被照料者）送到养老院去……子女照顾父母天经地义"。

在传统"孝道"观念的影响下，家庭对居家养老服务的主观需求与有效需求严重不符。从逻辑上看，老年人口带病带残生存时间增加，照料需求增加，而家庭规模小型化、子女外出流动以及妇女在有酬劳动力市场上就业率的提升都使传统家庭照料力不从心，因此人们对居家养老服务的主观需求随之增加来弥补家庭照料的式微。然而，现实情况却是，虽然从主观上人们希望借由社会力量照料老年人，但受传统养老观念以及经济条件的影响，大多数人还是会选择家庭照料，除非迫不得已，比如有专业性的需求或与工作时间冲突，否则不会考虑购买居家养老服务，这就在一定程度上造成了需求侧居家养老服务的主观需求高于有效需求，也解释了为何目前我国居家养老服务的使用率始终不高。

（二）老年人照料家庭化与去家庭化的矛盾

从政策和制度设计上看，中国老年人家庭照料支持政策发展路径相对具有工具理性。传统上历朝历代主要通过建立包括老年家庭赋役免除制度、高龄尊亲制度、孝行奖惩制度等（王跃生，2015）强调子

女赡养父母与财产继承的对等原则，确保家庭养老地位不动摇。

计划经济时期国家对传统家庭养老功能进行调整，一方面在广覆盖低水平下保障老年群体基本生活，另一方面也部分保留了家庭对其成员的保障功能，呈现出既削弱又强化的态势。具体表现为城镇地区以终身就业为基础，建立起一套直接由"单位"提供全生命周期式的福利和公共服务体系，"国家办企业、企业办社会"的制度安排给家庭提供了大量照料支持（Song Y. & Dong X. Y., 2018）。

改革开放以来，计划经济向市场经济转变，国家对家庭养老的福利供给责任逐渐收缩，养老保障社会化进程不断加快，在家庭照料方面开始尝试综合补贴政策、税收优惠政策、服务支持政策、居住保障政策、时间补偿政策等（李连友等，2019）。但与此同时，家庭角色和社会角色冲突升级、家庭养老供需平衡被打破、养老功能运行失效、养老困境逐渐显现，并由零星发生的私域问题转为众多家庭共临的社会问题（杨菊华、李路路，2009）。具体表现为城镇建立社会养老服务体系，正在经历老年照料从单位保障向社会与家庭共担转变，社会养老服务支持效能有待进一步释放。因此，从总体来看，中国老年人家庭照料支持政策呈现重局部、轻整体，重个体、轻家庭，重特殊、轻普惠以及重补缺、轻发展等问题。

四 小结

失能老年人的居家照料存在一定程度上的照料危机。虽然目前我国已经大力发展社区居家养老服务并注重医养结合，但是受传统养老观念、经济条件、服务发展、政策制度等因素的影响，居家养老服务在落地过程中仍然存在"买不到，买不起，买不安"问题，如何解决好居家养老服务的"最后一公里"问题是当下老龄政策的关注焦点。

在供给侧，需进一步理顺老年照料的家庭化与去家庭化政策的关系，找到居家养老服务介入家庭照料的连接点和突破口，使居家养老特别是居家照料服务能够真正走入家庭，减轻家庭负担；在需求侧，需进一步转变传统养老观念，失能老人更需要高效高质专业化的照料服务，子女通过市场购买社会化的照料服务并不意味着不孝。如何把握好照料与工作、给钱与给时间之间的关系不仅需要家庭智慧，更需要政策创新。

第三节 家庭医生缘何"有签约，无服务"

为进一步重点解决老年人"看病难"问题，北京、上海、深圳等地探索家庭医生签约服务。旨在通过社区卫生服务中心等基层医疗卫生服务人员为居住在家的老年人提供健康管理、健康指导、预约挂号等服务。各地开始逐渐摸索重新修订标准，确定评估指标，适时推广；加强信息化建设，通过在人口健康平台设置家医签约服务管理系统，为居家老年人搭建方便快捷、品质优良、充分融合、普惠适用的居家养老医疗服务新型平台。调研发现，一些地区家庭医生签约率达95%以上，甚至更高，几乎辖区内人人拥有"家庭医生"。

然而，调研发现，虽然家庭医生的签约率相对较高，但真正的签约服务率并不高，有些居民甚至不知自己已经"被签约"，家庭医生"有签约无服务"现象凸显。在供给侧方面，基层社区医疗卫生服务机构普遍反映其任务负担较重、服务对象较多、护理人员较少、成就感低。在需求侧方面，老年群体对"家庭医生"提供服务认知存在偏差，很多认为家庭医生服务没有达到其预期值，获得感不强。原因主要可以从三个方面分析。

一是，在家庭医生方面，家庭医生人员数量相对较少。从总体来看，基层卫生服务人员数量相对较少，基层卫生服务队伍缺口较大，而患者相对较多，使得很多地区特别是农村地区家庭医生人员供给不充分，无法满足老年人群的医疗需求。此外，由于其收入具有"天花板"效应，作为体制内工作人员，其薪酬（绩效工资）面临封顶问题，社区卫生服务中心工作人员需要承担较多工作，但也面临付出和收获无法成正比的现象，极大地影响了基层卫生服务人员积极性，虽然卫生健康等部门已经开始着手解决家庭医生待遇问题，但改革效果仍有待释放。与此同时，目前基层卫生服务有很多服务项目是免费开展的，单纯地依靠政府补贴是不可持续的。

二是，在患者方面，作为接受服务的老年群体，对我国家庭医生的服务范围、服务标准、服务方式等理解有一定偏差，很多认为家庭医生的服务没有达到其预期值，老年人群的获得感并不强烈。

三是，在体制机制方面，"互联网+护理服务"作为家庭医生的服务方式之一，可以有效实现病患需求的精准对接，但其在运营资质、服务监管、医保报销、处方药开具、服务定价等方面仍存在制度性障碍，法律和政策的依据不充分，导致市场发育不足。实际上家庭医生是仿照英国"健康守门人"的模式，而我国医生管理体系与英国不同，在英国，基层医疗卫生服务的经费是给到医生本人以调动家庭医生服务的积极性，医生收入与患者健康挂钩。所以在体制机制的探索中需要进一步调整新兴业态配套政策和体制机制创新，以及考量如何把医护人员的个人劳动价值和患者的健康结果联系起来，以调动基层医护人员的积极性。

针对家庭医生"有签约无服务"现象，各地已采取相关措施应对，但政策效果仍有待进一步检验。总体而言，为保障家庭医生签约服务切实落地，一是明确家庭医生签约服务具体内容及标准，由家庭医生团队为签约老年人提供健康评估、个人和家庭健康教育、健康咨询与指导、疾病筛查、慢性病连续管理、转诊跟踪、社区康复等综合连续的健康管理服务。为签约老年人预约诊疗，预约时段享受优先就诊，强化签约履约，保障签约老年人就医取药。家庭医生签约、家庭病床和用药取药，可逐步实现预约服务。二是加强对老年群体的宣传引导，特别是对家庭医生的职责、服务内容等与老年人群提前进行沟通，避免老年群体对服务预期造成较大偏差，从而提高老年人群的满意度和获得感。

第四节　应警惕"互联网+养老"服务"空心化"风险

一　"互联网+养老"成为养老新业态

（一）需求端：老年网民规模强劲增长，网络消费常态化

一是互联网普及重点从青年群体扩散至老年群体。长期来看，60岁及以上老年网民规模从2000年的28万人迅速增加至2018年的5454万人[①]；短期来看，2018年老年网民规模比2017年净增长35.9%。根据前瞻研究院2018年关于我国老年网民网龄和对智能手机感知情况的调查显示，我国老年网民中，网龄超过1年的占比超过70%。随着"60后""新老年人"开始逐渐步入老年期，老年网民规模将继续增长，使用互联网将不再是年轻群体的专利。

二是老年群体成为"网购"的新兴力量。京东大数据显示，老年群体网络消费规模迅速扩张，2017年前三季度老年用户人均年消费额已经高达平台平均水平的2.3倍，同比提高78%。老年用户对微信购物更加偏好，2017年使用微信支付购物的老年群体用户数与2015年同期相比，增加近4倍，近10%的用户通过微信在京东购物。[②]

（二）供给端：养老行业信息化转型程度不断加深

一是智慧养老产品不断丰富。《智慧健康养老产品及服务推广目录（2018年版）》公布了33家企业共56款智能健康养老产品，涉及健康管理类可穿戴设备（手环、腰带、胸带、手表等）、便携式健康监测设备（心电、血压、血糖等监测类设备等）、自助式健康检测设备（社区

[①] 数据来源：中国互联网信息中心发布《第44次中国互联网络发展状况统计报告》。

[②] 数据来源：《老年网络消费发展报告》。

自助体验设备、智能听诊设备)、智能养老监护设备(智能监测、康复、护理设备)、家庭服务机器人等。此外，养老机构信息化管理系统等信息化平台更加完善。这些产品设计主要通过信息采集终端、健康监护系统、无线定位系统、信息处理系统对老年群体进行实时监测、行为分析、风险预警、服务呼叫。

二是智慧养老服务不断扩展。从慢性病管理、康复护理等健康养老服务拓展至生活照护、文化娱乐、老年教育等多元领域。例如，通过线上平台提供家庭医生服务、基于互联网的基因检测、远程诊疗等慢病精准管理和咨询服务；通过智慧健康生活照护管理系统、智慧养老O2O平台等提供助餐、助浴、助洁等生活照护服务；通过网上社区、网络游戏等提供文体娱乐服务；通过老年大学线上平台、老年社团等提供老年教育服务。

三是智慧养老产业规模不断提升。数据显示，2019年我国智慧健康养老产业规模近3.2万亿元，近三年复合增长率超过18%，预计到2020年中国智慧健康养老产业规模将突破4万亿元。[①]

(三)供求对接：互联网为高质量居家养老提供可能

一是"互联网+养老"解决了由于信息不对称造成的养老服务资源不衔接和服务不匹配问题。目前制约居家养老服务发展的一大关键问题在于"老年人找不到服务商、服务商敲不开老人家门"。一方面，通过互联网将供求信息公开解决了政府、企业与老年人之间信息不对称所带来的低效率和可能存在的寻租空间；另一方面，通过互联网信息技术可以为老年群体提供多样化、个性化和高性价比的服务选择，其应用场景在于利用智能终端设备，实时采集老年人身体和生活状况数据，上传云端分析处理后，衍生一系列增值服务。如远程问诊、慢病管理、跌倒走失自动报警等，在一定程度上解决居家养老服务"买不到"和"买不安"问题。

[①] 数据来源：2020年1月，工信部、民政部、国家卫健委联合主办的2019智慧健康养老产业发展大会。

二是居家养老远程监护产业布局初步形成。从产业发展角度看，现阶段市场上关于"互联网+居家养老"的主要应用场景为远程监护。目前主要参与居家养老远程监护的企业大致可包括四种：智能手环等终端设备生产商、医疗信息化企业、互联网+健康/医疗/养老类企业以及以养老社区、养老地产业务为主的大型资本集团或国企。这些企业主要以无线传感、物联网技术为依托，技术壁垒相对较低，企业间技术差异尚未充分显现，但受制于服务资源整合能力，目前仍没有居家养老远程监护方面的龙头企业。

二 "互联网+养老"存在服务"空心化"风险

从目前"互联网+养老"服务业发展来看，大多数企业或社会组织聚焦于硬件设备设施或相关产品研发、生产、推广，由于后续服务对接整合不畅，存在服务空心化带来的资源浪费与老年群体获得感不强的风险。

（一）互联网是手段，服务永远是核心

近年来，政府出台系列政策推进"互联网+养老"等老龄科技和智慧养老服务发展，智慧健康养老试点示范取得显著成效，信息技术、医疗健康、养老服务等产业资源加速整合，产业生态体系日益完善。然而，通过对有关智慧养老服务商的调研发现，其服务效能仍有待提升，如何完成线上和线下的结合，是"互联网+养老"面临的"惊险一跳"。

一是硬件生产远超服务供给。调研发现，目前多数智慧养老服务商将重点放在硬件设备设施生产或平台开发上，大多通过政府购买服务的方式为老年人提供诸如手环、电话等硬件设备。然而，实际情况是，一旦老年人有急救需求，即便通过手环等设备收集数据后预测到疾病风险，服务商也无法顺畅连接医院急救资源或社区应急系统，老年人仍然无法获得更有针对性的解决方案。在信息化平台开发方面，目前一些平台已经能够实现省、市、区、街道老年人数据的对接和服务需求的实时采集，但后续服务资源链接仍无法形成闭合回路。

二是展示功能远超服务功能。近年来，各地出现很多"智慧养老驿站""智慧小屋""智慧养老平台展示厅"等以展示功能为主的平台，通过大屏幕或展示窗可以清楚展现数据信息、服务调度、商品信息等内容。但调研发现，很多智慧养老驿站或智慧小屋平时空空如也，只有迎接检查或展示时临时开放；又如，各地推行的家庭医生签约项目大多已实现"平台签约"，但真正得到服务的比例相对较低，"有签约，无服务"现象凸显，或存在流于形式风险，尚未真正实现通过技术手段提高服务效率和质量的目标。

（二）互联网对于养老服务的影响，不仅仅是"线上"

造成上述"互联网+养老"服务"空心化"的重要根源在于，对互联网对于养老服务的影响的认识存在一定误区，或停留在提供线上服务，或认为互联网将颠覆整个养老生态。事实上，互联网技术的强势介入给传统的养老方式、养老服务和行业发展带来跨越式变革，使养老服务资源重构，使机构的围墙真正开放，融入整个开放式养老生态圈。

一是盘活养老资源，而非颠覆养老资源。互联网+养老的本质是盘活存量养老资源，改变传统的养老模式，使老年人及家庭获得高质量的养老服务不再成为难事。通过利用物联网、云计算、大数据、智能硬件等新一代信息技术手段或产品实现个人、家庭、社区、机构等养老服务资源有效对接和优化配置，通过大数据的无缝衔接和流转，破除养老信息资源、服务资源碎片化，进而提升养老服务质量、效率和水平。相反，互联网的介入无法大幅增加或减少存量养老服务设施、资金、人才等资源要素，智慧养老的影响亦不应无限夸大。

二是跨越"家长式"服务陷阱，回归老年人主导。互联网对于养老行业的影响更在于其转变了以往养老服务机构提供"家长式"服务，老年人被动接受的服务逻辑。通过互联网、大数据，老年人可以作为服务的"主人"，畅通表达其服务意愿与进行服务反馈，参与到养老服务产业链的决策中，助推养老服务行业实现以老年人需求为主导，以提高老年人获得感和满意度为准则的目标。

三 以服务为核心，打造"互联网+养老"新能级

一是进一步提高认识。科技是积极应对人口老龄化的第一动力和战略支撑，养老行业对信息化的依赖程度将会越来越高，应将老龄科技、智慧养老等"互联网+养老"方式的发展放在战略高度，长远谋划。同时也应意识到，技术创新具有不确定性，产业政策会在一定程度上放大这种不确定性，需要精准发力推动产业升级，实现新旧动能转换。

二是强化政策和服务资源统筹。针对"互联网+养老"跨学科、跨领域、跨部门以及研发链条长和融合发展等特殊性，进一步将多部门、多学科等相关资源整合，例如建立老龄科技信息化平台、数据库等，汇总涉老数据，为制定相关政策提供数据支撑。同时建立发改、卫健、民政、科技、经信等涉老科技相关部门联动机制，形成部门协调配合工作制度，最大限度地将科技与服务、线上与线下相结合。

三是在关键技术领域和环节获得进展。进一步在生物科学、照护技术、医疗和照护机器人、人工智能、智能制造等方面提高竞争力，重点攻破上述领域的"卡脖子"技术，培养老龄科技领域人才，为老龄科技相关企业赋能，加大科研支持力度，并将研究成果及时转化。

四是营造公平亲清的新业态营商环境。进一步完善政府采购制度，推进老龄科技"双创"平台建设。在相关产业政策方面，一方面要促进养老服务的品牌化、连锁化、规模化经营，另一方面也要关注中小微企业的发展，充分发挥中小微企业创新活力强、流程少、效率高的优势，尊重市场规律，发挥市场在资源配置中的决定性作用。同时，由于服务群体的特殊性，对于养老服务中的网络谣言、虚假广告、网络诈骗等加强管控，明确责任归属，确保隐私安全，既要管控风险，又不能一管就死。

五是明确智慧养老应用场景，将硬件设施建设与软性服务场景相联结。近日，上海市发布了首批智慧养老12个应用场景需求，给智慧养老实心化服务以启示。这些场景有的是长期困扰亟待解决的，有的则是新冠疫情期间产生的一些新需求。比如，认知障碍老人防走失场

景、老年人卧床护理场景；又如，机构无接触智能消毒场景、机构出入管控场景，这些原本经常碰到的场景，在新冠疫情期间养老机构封闭管理中产生了更高更迫切的要求。总体而言，上海市发布的12个应用场景需求中，主要有四类：（1）安全防护类，共6个，包括老年人防跌倒场景、老年人紧急救援场景、认知障碍老人防走失场景、机构出入管控场景、机构智能查房场景、机构智能视频监控场景等；（2）照护服务类，共2个，包括老年人卧床护理场景、家庭照护床位远程支持场景等；（3）健康服务类，共2个，包括老年慢性病用药场景、机构无接触式智能消毒场景；（4）情感关爱类，共2个，包括老年人智能语音交流互动场景、老年人智能相伴场景。在今后的养老服务场景需求中，基本应用场景至少符合5个基本要求：其一是紧贴用户需求，着眼于最直接、最现实、最迫切的需求，实现个人、家庭、社区、机构与养老资源的有效对接和优化配置；其二是形成服务闭环，按"小切口、标准化、可组合"原则，全面考虑相关的服务对象、服务流程、服务环境、服务保障等环节，提供完整的解决方案；其三是强化服务配套，在提供技术与产品时，同步提供相应的服务支持，确保服务响应及时、服务资源可及、服务保障可持续；其四是力求价廉物美，提供成本可控、质量可靠、持续有效、高性价比的产品和服务；其五是注重人文关怀，尊重老年人行为习惯、情绪情感、人格尊严，以"赋能"为前提，增强老年人的自理、自主能力。[①]

六是既要引进来，又要走出去。坚持开放包容，引进国外先进技术经验和与服务对接的产业模式。鼓励"互联网＋养老"服务机构及有关科研机构加强国际合作交流，积极参与国际标准和规则的制定，发挥专业行业协会等组织的作用。

---

① 资料来源：中新网（https://mp.weixin.qq.com/s/id391vBF2fUzU006UNd0dA）。《时讯快递》，《社会福利》，2020年第5期。

第五节　农村居家养老服务面临短板

近年来，城市地区社区居家养老服务开展得如火如荼，但对于经济条件有限、消费意愿不高、社会服务商进入意愿较差的农村地区而言，始终是居家养老服务的短板。

一　农村老年人口现状

（一）农村人口老龄化形势严峻，老年抚养比明显高于城市

人口老龄化水平城乡倒置具有普遍性。数据显示，1982年以来，中国农村老龄化程度皆高于城市，且城乡差距呈逐渐扩大趋势。2015年全国人口老龄化水平为16.15%，而农村人口中，60岁及以上老年人口1.11亿人，占比18.47%，比城市高4.14个百分点。到2018年，全国人口老龄化水平达到17.9%，在农村年轻劳动力持续外流的情况下，城乡人口老龄化差距持续扩大。而且这些农村老年人中，无配偶老年人口占比较高，达27.32%。[①] 与此同时，农村地区老年抚养比明显高于城市，2015年全国1%人口抽样调查数据表明，农村老年抚养比为29.62%，比城市高10.22个百分点，农村约3.4个年轻人供养1位老年人，城市约5个年轻人供养1位60岁及以上老年人。有研究显示，到2035年，农村老年抚养比将超过80%，即约1个年轻人来供养1位农村老年人（谷玉良，2018）。

---

① 数据来源：2015年全国1%人口抽样调查。

（二）农村老年群体经济保障不足，生活主要依赖家庭成员供养与劳动所得

2016年中国老年社会追踪调查（以下简称"CLASS2016"）数据显示，2016年我国农村老年人口人均年收入约为9510元，而城镇老年人的收入约为农村老年人的3倍[1]；虽然农村老年人社会保险覆盖率较高，但保障水平较低，有近82%的农村老年人拥有城乡居民基本养老保险金等社会保险，但每月基本养老保险金额不到300元，约为城镇老年人口的五分之一。

在资产占有方面，土地、房产仍是农村老年人的主要资产，但仍有约12%的农村老年人名下无房产，而对于城市老年人来说，只有约7%的城市老年人名下无房产。

在收入来源方面，2015年全国1%人口抽样调查数据显示，农村老年人口中有46.4%主要靠家庭成员供养，有34.36%的农村老年人主要收入来源为劳动收入。只有7.48%的农村老年人靠离退休养老金养老，且有6.81%的农村老年人靠最低生活保障金养老。然而，在城市地区靠退休金养老的比例已达71.05%，只有2.01%的城市老年人靠最低生活保障金养老。为了保障经济生活，农村老年人在业比例[2]较高。2015年农村老年人口中仍有近40%的老年人从事劳动获取收入，是城市老年人口在业率的5倍多。

（三）农村老年群体健康状况较差，养儿却不能防老

农村老年人口的健康状况不及城镇老年人口。2015年农村老年人中，只有35.48%的老年人认为自己身体健康，比城市老年人口低10.09个百分点；生活不能自理的农村老年人占2.86%，比城镇高0.52个百分点。然而，随着工业化城市化的迅猛发展，大量农村年轻劳动

---

[1] 中共中央、国务院印发《乡村振兴战略规划（2018—2022年）》显示2016年城乡居民收入比为2.72。

[2] 老年在业人口指从事一定社会劳动并取得劳动报酬或经营收入的老年人口。来源：邬沧萍、杜鹏等：《中国人口老龄化：变化与挑战》，中国人口出版社2006年版，第78页。

力进城务工，使得老年人养老关系中的主体与客体发生空间分离（宋月萍，2014）。2000—2015年间，我国家庭户内人口规模已从3.44人下降到2015年的3.1人，农村家庭结构进一步小型化、核心化，靠子女维系的家庭养老功能日渐式微。特别是当"80后"的"农二代"成为迁移主力军后，他们的出村入城趋势未改，但与乡土的联结越发疏离，他们不会再回到以地为生、以农为业、以村为聚的乡土社会中"防老"。

在生活照料方面，CLASS 2016数据显示，平均而言，有约三成的子女一年内几乎没有帮助老年父母做过家务。其中，有近30%的留守子女帮助父母做家务的频率高于每周一次，而外出子女每周至少帮助老年父母做一次家务的比例仅为6.68%。而且，仍有50.71%的外出子女一年内几乎没有帮助父母做过家务。

（四）农村老年人心理孤独抑郁，甚至绝望自杀

以往，以大家庭为核心的"养儿防老"促使"父母在，不远游"，但随着子女外出流动，虽然在一定程度上提高了老年人经济供养水平，但老年群体的孤独感却越发强烈，老年人的孤独感则将伴随着高血压等心血管疾病、活动能力和认知功能障碍。与此同时，老年人的抑郁状况也不容忽视。很多研究发现，老年人是抑郁症的高发群体，抑郁也被公认为是老年期最常见的心理疾病（唐丹，2010）。老年人的抑郁症状表现为情绪低落、焦躁不安、愉快感缺乏、食欲下降、失眠等，严重的抑郁程度甚至会导致老年人自杀（Truvey, C.L. et al., 2002）。

CLASS 2016数据发现，农村老年人比城镇老年人更孤独、更抑郁。其中，农村高龄女性老年人的孤独感程度较高、抑郁程度较深，心理状态较差。根据2004年卫生部抽样调查显示，2003年农村75—80岁老年人自杀率高达101人/10万人，80岁及以上老年人自杀率更是高达132人/10万人，分别比农村人口平均自杀率高5倍和6.8倍，也比同龄城镇老年人口高63%和67%。因此，便有了湖北京山农村类似自杀秩序和地方性共识，当地对老年人"没用了就该死"普遍认可、"老人喝药"是必走之路，在京山农村，村里几乎每年都有一两位老年人自杀。

二 农村居家养老服务的探索

各地为补齐农村养老短板,特别是满足农村老年人居家养老的意愿进行了诸多尝试,本部分主要以北京地区为例简要介绍北京市解决农村养老问题的探索与尝试。

受农村"安土重迁"传统习俗的影响,在社会力量介入农村家庭养老的过程中,"在地老化"相比于城市而言显得更为重要,农村独特的熟人社会和差序格局的社会关系演绎着乡土中国的本质。因此,照搬城镇契约式的社会服务应用于农村便有些"水土不服",需进一步厘清如何平衡农村居家养老服务中传统家庭养老和社会养老服务的关系。为此,基于目前北京市农村居家养老的特点,本书总结了北京市农村居家养老的"家—站养老服务点"模式(图6-3):

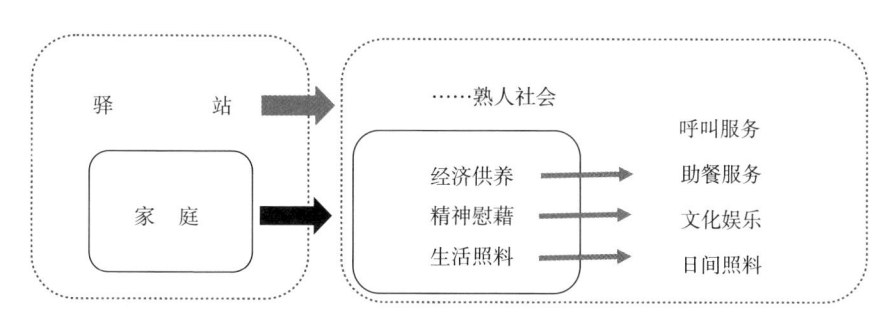

图6-3 家—站养老服务点模式

图6-3显示了北京市农村家—站养老服务点的建设模式:家庭养老仍是如今农村老年人养老的主要模式,家庭成员在老年人经济支持和服务供给方面扮演着重要角色,但当家庭养老资源出现短缺时,农村养老驿站则作为有效补充,为老年人提供照料服务、助餐服务、呼叫服务、文化生活服务等。这些服务实为家庭养老的扩展和补充,例如,农村养老驿站可以为老年人提供文化娱乐服务,一方面可以利用农村熟人社会网络资源对老年人进行精神关怀,另一方面也起到巡视探访的作用,进而了解老年人的健康状况、心理动态等。此外,养老驿站的日间照料功能则是家庭养老生活照料功能的补充,满足老年人养老

不出村，同时夜晚可以回家居住的需要。

从总体来看，北京市农村居家养老模式发展具有现实基础。"十三五"期间，根据北京市政府的规划，农村地区将重点建设发展养老服务驿站，为有社区居家养老服务需求的老年人提供多元化的为老助老服务。同时，家庭养老作为农村主要的养老方式，在现阶段亦发挥着重要作用。无论从供给侧视角还是从需求侧视角来看，目前北京市农村居家养老模式存在一定的现实基础，外部条件与内在需求共同作用使得该模式不断发展成熟。

从供给侧角度看，北京市农村居家养老模式的发展具有外部有利条件，具体可表现为政策层面的有力保障与实践层面的村委会的大力支持。一是政策保障。近年来，北京市政府出台一系列相关政策，支持北京市农村社会养老服务发展。特别是《北京市居家养老服务条例》《关于加快养老服务业发展的意见》《关于贯彻落实〈北京市居家养老服务条例〉的实施意见》《关于开展社区养老服务驿站建设的意见》《关于加强农村养老服务工作意见》等一系列政策的出台，为农村居家养老服务的发展提供有力的政策保障。主要从农村区域养老服务体系、模式以及养老扶持政策上给予政策保障，同时通过服务支撑、技能培训、金融投资等方式，为老年人子女提供家庭支持计划，以丰富家庭养老照料资源。二是村委支持。在调研过程中，一些村委会干部逐渐重视农村养老服务工作，例如开设老年餐桌、弘扬"孝老敬亲"传统美德、建设孝道村等。通过村委会的大力支持，一方面有助于调动子女的积极性，督促子女定期看望父母，在父母需要照料时为父母提供生活照护，履行好子女孝顺父母的义务；另一方面通过诸如开设老年餐桌等为老服务，帮助子女减轻照料负担，同时老年人每天在村委会用餐也有利于其社会参与。

通过对北京市农村居家养老服务模式的分析可以看出，照搬城市的社会养老服务模式，在农村地区面临"水土不服"。目前，农村社会养老服务仍处在试点阶段，很多服务项目从城市照搬到农村，导致在实际落地过程中与农村老年人的养老需求不匹配，且农村老年人对社会养老服务的接受程度还不高，服务利用频度相对较低。在调研走访期间，我们发现由于政策引导服务提供商按照服务项目划拨款项，则出现了一些服务商"强行"服务的现象，并没有切实满足老年人所需。由此，社会养老服务供给与需求之间形成了匹配错位，造成资源浪费。

为此，需要针对农村老年人的实际需要、家庭经济条件，发展社会养老服务。一方面要培育农村居家养老服务产业组织体系，依据相关政策增加有偿、低偿服务项目以鼓励社会资本进入农村养老服务市场，同时以"医养结合"模式扩展其服务功能和服务种类，切实满足老年人的有效需求；另一方面要重构农村社区共同体意识，大力发展农村社区公共文化建设，重构具有地方特色的孝道文化，积极发展农村老年社会组织，提升老年人之间的社会互动交往能力，使社会化的居家养老服务具有落脚点。

本章小结

本章基于调研和实证分析重点探究目前制约居家养老服务发展的现实困境问题。

1.近年来，政府出台一系列政策放市场、促消费、建标准、提质量，促进居家养老服务发展，然而实践中发现，一些政策虽好，但难以落地。本部分分析了目前我国居家养老服务五大政策落地难题，主要包括土地政策难执行、设施建筑问题多、税费补贴有障碍、融资举措存矛盾、监管制度待理顺，影响居家养老服务完善。造成上述问题的主要原因在于，现阶段居家养老服务政策的效能有待进一步释放，政策资源未下沉至基层，机构改革带来缓冲期也在一定程度上影响政策落地进度和效果。因此，需要进一步加强政策宣传引导，权责下沉，充分发挥街乡社区在居家养老服务中的作用，建立公开信息制度，保障居家养老服务政策的切实落地。

2.通过实地调研、定性访谈和案例分析发现，目前人们对居家养老服务的获得感仍有待提升，存在居家养老服务"买不到，买不起，买不安"现象。老年人家庭照料与居家养老服务存在矛盾博弈，如何解决好居家养老服务的"最后一公里"问题是当下老龄政策关注的焦点。在供给侧，需进一步理顺老年照料的家庭化与去家庭化政策的关系，找到居家养老服务介入家庭照料的连接点和突破口，使居家养老特别是居家照料服务能够真正走入家庭，减轻家庭负担；在需求侧，需进一步转变传统养老观念，失能老人更需要高效高质专业化的照料服务，子女通过市场购买社会化的照料服务并不意味着不孝。

3. 为进一步重点解决老年人"看病难"问题，多地探索家庭医生签约服务。然而，调研发现，虽然家庭医生的签约率相对较高，但真正的签约服务率并不高，有些居民甚至不知自己已经"被签约"，家庭医生"有签约无服务"现象凸显。在供给侧方面，基层社区医疗卫生服务机构普遍反映其任务负担较重、服务对象较多、护理人员较少、成就感低。在需求侧方面，老年群体对"家庭医生"提供服务认知存在偏差，很多认为家庭医生服务没有达到其预期值，获得感不强。应进一步明确家庭医生签约服务具体内容及标准，适度提高家庭医生待遇，同时加强对老年群体的宣传引导，避免老年群体对服务预期造成较大偏差。

4. "互联网+养老"成为养老新业态，养老行业信息化转型程度不断加深，老年网民规模强劲增长，网络消费常态化，互联网为高质量居家养老提供可能。然而，从目前"互联网+养老"服务业发展来看，大多数企业或社会组织聚焦于硬件设备设施或相关产品研发、生产、推广，由于后续服务对接整合不畅，存在服务空心化带来的资源浪费与老年群体获得感不强的风险。应以服务为核心，进一步提高对"互联网+养老服务"的认识，强化政策和服务资源统筹，在关键技术领域和环节取得进展，营造公平亲清的新业态营商环境，明确智慧养老应用场景，既要引进来，又要走出去，打造"互联网+养老"新能级。

5. 近年来，城市地区居家养老服务开展得如火如荼，但对于经济条件有限、消费意愿不高、社会服务商进入意愿较差的农村地区而言，始终是居家养老服务的短板。北京等地对农村居家养老服务进行了一定尝试，总结出家—站养老服务点等一系列服务模式。未来需要进一步根据农村老年人的实际需要、家庭经济条件和居家养老服务发展水平探索具有本土特色的农村居家养老服务。

第七章
着力补齐居家养老服务"最后一公里"

我国自 2000 年正式进入老龄化社会以来,老年人口数量和占总人口的比重持续增长,2000 年至 2019 年,60 岁及以上老年人口从 1.26 亿人增加到 2.54 亿人,老年人口占总人口的比重从 10.2% 上升至 18.1%。未来一段时间,老龄化程度将持续加深。受中国传统文化影响,居家养老成为中国老年人主要的养老方式。随着家庭养老功能日渐式微,居家养老服务日益完善,老年人可以在熟悉的家庭或社区内享受与养老机构或医疗机构同样的专业化服务,一方面满足老年人群多样化、个性化养老服务需求,另一方面也为社会养老服务体系建设、养老服务业的发展带来契机。

近年来,各地开始重视居家养老服务的发展,财政部、民政部更是从 2016 年以来支持开展国家级居家和社区养老服务试点,以期探索出本土化的居家养老服务模式,提高老年人群的政策获得感。但经过多年尝试,我们发现虽然居家养老服务设施不断完善,居家养老服务业逐步发展,行业标准和行业规范逐渐建立,老年人群开始认识到居家养老服务的重要性,但对于真正将专业化、高质量的居家养老服务带入老年人家门,并融入老年人日常生活仍然存在"最后一公里"的距离。很多时候,仍然面临老年人找不到服务商、服务商敲不开老年人家门的状况,接下来,需要多方努力着力补齐这最后一公里。

第一节　精准评估，打通供需不匹配

为将老年人服务需求与居家养老资源供给精准匹配，首先应聚焦于服务对象的综合评估，通过准确评估老年人客观身心健康状况及主观服务需求，制定服务清单和服务包，匹配相关补贴政策，从而转变单纯地自上而下决定老年人群服务需求的做法。

一是建立全国统一的老年人综合能力评估指标体系。从指标体系来看，目前各地方使用比较广泛的是 Katz 量表和 Barthel 指数量表。Katz 量表包含 6 项内容，即洗澡、穿衣、上厕所、室内行走、大小便控制和吃饭。这 6 项活动是具有顺序特征的，通过对这 6 个项目进行打分，来综合评判个体功能状态，如果有一项无法自由完成，则视为生活不能完全自理，不能完成的项目越多，自理能力越差。Barthel 指数量表主要测量两类指标。一类是自我照顾类指标，包括吃饭、穿衣、洗澡、梳洗、大小便控制和上厕所；另一类是移动能力指标，包括平地行走、移动和上下楼，针对每一项指标进行打分，从完全独立、需要协助和完全依赖分级，完全依赖他人程度越高，老年人不能自理程度越高。当然，也需针对老年人的精神状态进行判断以评估失智老年人的状态和程度。一些指标体系仍然需要中国化的过程，通过完善指标体系，制定符合本土老年人身体和生活状态的量表进行统一评估，以减少因评估标准不一致而造成的服务资源分配不均。

二是形成老年人综合能力评估专业队伍。老年人身体和精神状况评估需要专业人员，而非仅仅依靠统计表格或调查问卷，在进行评估时，需要评估员主观判断并给出判断依据，因此，对于评估员需进行统一培训保障评估过程的专业性和准确性。现实中，可以依托专业的社会组织，利用统一的评估量表，对老年人群的身体、精神等状态进行评估。除了客观量表评估外，评估员还需记录主观评估结果和过程，由此作为为老服务和照护补贴发放的依据。

三是建立老年人服务需求和能力评估动态调整机制。老年人的身体和精神状态随着年龄和生活事件等因素的变化而不断改变，因此对于老年人服务需求及生活能力评估不应是一成不变的，而需定期动态调整评估结果，形成"需求评估—上门服务—标准指导—市场运行—资金监管—再评估"的运行闭环。可通过智能化平台跟踪分析老年人服务需求、消费数据和行为模式，相关补贴每月以老年人实际消费数据进行结算。

案例专栏

上海市虹口区设立"养老顾问"，解决养老供需信息不对称。[①]

上海市虹口区为进一步提升社区养老服务水平，促进养老服务资源供需对接，增强基层治理水平，设立"养老顾问"。"养老顾问"能有效解决养老供需信息不对称问题，推动养老资源优化分配和社会治理重心下移，主要提供的服务内容包括：根据养老服务的性质、对象和特点，为符合政府资助条件的老年人购买助医、助购、助餐、助浴等上门服务；建立"养老顾问"服务清单，引导社会力量和各方资源，鼓励更多社会组织和志愿者成为管家，让老年人在家里就能享受"身边人"的上门服务。同时，将社区"养老顾问"设在"养老顾问点"工作。"养老顾问点"分为三类，即街道顾问点、市民驿站（综合为老服务站点）和虹口区居委会顾问点。其中街道顾问点设在8个街道综合为老服务中心内，依托中心现有工作力量以及街道其他养老工作管理人员提供顾问服务。市民驿站顾问点设置在区35个市民驿站内，依托市民驿站现有工作力量以及其他养老工作人员提供顾问服务。居委会顾问点设在209个居委会办公接待场所内，依托居委会老龄干部和助老志愿者，参照"全岗通"模式提供顾问服务。

---

① 资料来源：本刊编辑部《聚焦改革试点成果 致力居家和社区养老服务发展》，《社会福利》，2020年第2期。

第二节　充分发挥街乡社区在居家养老服务中的作用

近年来，习近平总书记多次强调基层治理的重要性，提出"社会治理的重心必须落到城乡社区，社区服务和管理能力强了，社会治理的基础就实了"，否则，"基础不牢，地动山摇"。然而，人们在从"单位人"向"社会人"转变后，基层社会治理基础已经发生重大变革，当人们再向"社区人"转型的过程中，社区这一基层基础的"命门"不断受到侵蚀，个体与社区无认同，由此导致一些居家养老政策无法落实到位，很多社会问题和矛盾无法解决在基层，人民群众的政策获得感始终不强。

随着住房自有化、就业及后勤服务市场化、社会保障社会化，社区多为地理意涵而非社群意涵，居民对社区依赖感下降、认同感降低、社区参与不足。目前很多社区居委会干部工作热情高涨，社区内一些退休老党员、志愿者积极响应号召，但大多数居民特别是年轻群体参与程度不高或形式化参与，面对居家养老服务买不到、买不起、买不安等问题，往往习惯性地等待政府解决，其自身参与社区事务的意愿不强、信心不足，成为"沉默的大多数"。而社区居委会则扮演着"半个政府"的角色，唱"独角戏"现象屡见不鲜。

街乡社区应在加强基层社会治理、转变基层治理方式的基础上，将居家养老服务这类关系国计民生、千家万户的服务放在更重要的位置上。

一是进一步理顺民政、卫健等有关居家养老服务的主管部门与街乡社区之间的关系，将政策、资源责任等下沉至街乡社区，充分为基层自治组织赋权。将居家社区养老服务能力纳入城乡社区治理服务能力建设指标体系之中。

二是推进城乡社区志愿服务和专业服务在居家养老服务领域常态化。加快形成党委政府倡导、社区组织扶持、共产党员和共青团员带头、社会工作者引领、广大居民和驻社区单位积极参与的社区志愿互助服务新格局，充分发挥党建引领在构建居家养老服务网络中的作用。同时，大力培养"全科社工"，健全社区工作者教育培训机制，设立养老专员。

三是创新城乡居家养老服务供给机制。推进政府购买居家养老服务机制建设，普遍建立政府购买社区服务清单，通过政府购买"三社联动"服务，形成社区组织发现居民养老服务需求、统筹设计服务项目，社会组织、社会工作服务机构承接项目，社工团队执行项目、面向社区实施项目、相关各方监督评估的联动效应。同时，进一步完善居家养老服务税收、公用事业收费、用工保险、工商和社会组织登记等优惠政策。加强互联网、物联网等信息技术手段在社区居家养老服务领域中的应用。重点拓展农村社区居家养老服务资源；推动"智慧社区"建设重点落向城乡社区服务领域，依托互联网、物联网、大数据、云计算等技术，服务于社区服务。将社区公共服务相关信息进行全国统筹，将居家养老服务信息纳入平台之中。进一步加大有关部门共同推进信息化嵌入社区治理服务的应用。将城乡社区公共服务综合信息平台纳入"一门式、一张网"政务平台统筹建设。

四是加强基层为老服务人员队伍建设。一要优化社区工作人员配置。根据辖区人口、社区管理和服务任务轻重，按比例增减专职人员。二要扩大社区工作人员来源渠道。鼓励建立新录用公务员到社区锻炼制度，安排一定比例的选调生到社区锻炼等形式。三要充分调动社区工作人员积极性，例如上海市居委会与片区采取书记带头的方式搭建公共服务志愿平台，而且，居委会书记为事业编制，居委会主任为非事业编制，但其工资来自财政拨款并高于社会平均工资，从而调动居委会的积极性。

第三节 全方位提高居家养老服务质量

居家养老服务是满足我国老年人日常生活需求的重要服务，高质量的居家养老服务有利于提高老年群体的获得感、幸福感和安全感。目前我国居家养老服务已经从"有没有"阶段向"好不好"阶段迈进。如何全方位提升居家养老服务质量，成为当今政府、服务商等各类主体关注的议题。本节主要以政府主体视角从制度安排、服务供给、服务方式、服务保障方面探讨我国居家养老服务质量的提升路径。

在制度安排方面，建立健全基本居家养老服务制度。一是建立居家养老服务需求评估和调查机制。对接整合老年人各项补贴津贴和相关服务数据，完善老年人数据库，特别是关注特殊困难老年群体，如失能失智、经济困难、独居等群体，组织社工或有关社会组织针对该类群体进行精准摸排，全面了解特殊困难老年群体的身体和心理状况、家庭情况、服务需求等。二是建立基本居家养老服务清单制度。通过精准调查和数据分析，在了解各类老年群体服务需求的基础上，进一步明确政府提供的基本居家养老服务内容、目录、补贴范围、补贴方式、补贴标准，等等，同时引导社会力量参与居家养老服务。

在服务供给方面，促进居家养老服务有效多元供给。一是完善社区养老服务机构建设。鼓励闲置设施用于养老服务机构建设规范养老服务设施建设标准，重点解决消防安全等问题，保障养老服务设施安全性、适老化。二是提高各类居家养老服务质量。例如，推进家庭医生和家庭病床（试点）建设。在老年人需求评估和调查的基础上，依托社区日间照料中心等社区养老服务设施和服务资源，整合家庭养老资源，开展家庭医生和家庭病床建设。组织医师、护士、社工师等家庭医生团队率先满足失能、失智、高龄老年人的诊疗、康复、长期照护、安宁疗护等医养服务需求，对已经建设家庭病床的家庭研究制定相关扶持和管理办法。再如，探索老年助餐服务可持续机制。科学布局老年餐配送资源，尝试多种形式的老年助餐服务方式，探索政府、社会、老年人家庭多主体支付模式，推进老年营养配餐标准化建设，加强老年餐品质管理和老年餐服务和相关配送人员管理等。三是多渠道支持社会力量参与居家养老服务。建设亲清的居家养老服务市场环境。完善社区养老服务设施建设和运营补贴政策，将服务商"扶上马"再"走一程"，形成长效可持续的激励机制。完善居家养老服务的补贴政策，特别是支持居家养老服务的品牌化、连锁化运营。加快推进探索居家养老服务PPP模式等。

在服务方式方面，积极发展"互联网+居家养老"服务。一是进一步促进养老服务信息资源整合对接。加强各相关部门及各层级养老大数据信息对接，加强数据信息维护、监测，保障数据安全，运用相关数据做好决策支撑和政策评估。二是大力发展智慧养老服务。借助互联网、物联网、生物识别等技术研发智慧养老产品，培养智慧养老龙头企业，加强智慧化手段在康复辅助器具等方面的研发。建设社区居家智慧养老系统，为社区居家老年人开展健康管理、紧急救援、服务链接等相关服务。

在服务保障方面，推进居家养老服务标准化规范化，加强居家养老服务资金、人才等保障。近年来，各地推进《居家养老服务条例》《养老服务促进条例》等，从立法角度加强居家养老服务制度化建设，进一步健全居家养老服务功能，进一步明晰各项标准规范。针对居家养老服务，中央和地方政府出台一系列政策提供资金保障，从"补砖头"走向"补人头"，从分散化、碎片化补贴走向整合化的综合补贴，从单纯的建设补贴走向建设运营补贴，持续增强居家养老服务的资金保障。同时，进一步加强产、学、研相结合，实行产教融合战略，整合养老服务人才资源，加大养老服务教育培训力度，通过现场教学、网络学习、机构内训等多种方式结合人口老龄化国情教育开展养老服务的培训和指导。

本章小结

本章以服务评估、服务内容下沉和服务质量提高为切入点，重点探讨补齐我国居家养老服务"最后一公里"的应对之策。

1. 造成居家养老服务供给和需求之间存在"最后一公里"的一大原因在于未能精准评估老年人真实有效需求。通过建立全国统一的老年人综合能力评估指标体系，形成老年人综合能力评估专业队伍，建立老年人服务需求和能力评估动态调整机制，准确评估老年人客观身心健康状况及主观服务需求，制定服务清单和服务包，匹配相关补贴政策，从而转变单纯地自上而下决定老年人群服务需求的做法。

2. 街乡社区是人们日常生活服务的"治理末梢"，需要进一步充分发挥街乡社区在居家养老服务中的作用，厘清街乡社区与职能部门在服务供给中的角色定位，特别是将事权财权及相关责任进一步下沉至街乡社区，推进城乡社区志愿服务和专业服务在居家养老服务领域常态化，创新城乡居家养老服务供给机制，加强基层为老服务人员队伍建设，在街乡社区层面营造居家养老服务共同体。

3. 目前我国居家养老服务已经从"有没有"阶段向"好不好"阶段迈进。如何全方位提升居家养老服务质量，成为补齐居家养老服务"最后一公里"，提高老年人获得感、幸福感和安全感的重要议题。在制度安排方面，建立健全基本居家养老服务制度。在服务供给方面，促进居家养老服务有效多元供给。在服务方式方面，积极发展"互联网+居家养老"服务。在服务保障方面，推进居家养老服务标准化规范化，加强居家养老服务资金、人才等保障，多元主体共同打造居家养老服务的"中国质量"。

附件 1
关于居家养老服务框架性政策梳理

序号	文件名称	发文字号	主要内容
1	国务院关于加快发展养老服务业的若干意见	国发〔2013〕35号	明确了我国养老服务业发展的基本定位、主要路径和目标，是指导今后一段时期我国养老服务业发展的重要文件。大力发展居家养老服务网络。一是发展居家养老便捷服务。支持建立以企业和机构为主体、社区为纽带、满足老年人各种服务需求的居家养老服务网络。要通过制定扶持政策措施，积极培育居家养老服务企业和机构，上门为居家老年人提供助餐、助浴、助洁、助急、助医等定制服务；大力发展家政服务，为居家老年人提供规范化、个性化服务。要支持社区建立健全居家养老服务网点，引入社会组织和家政、物业等企业，兴办或运营老年供餐、社区日间照料、老年活动中心等形式多样的养老服务项目。二是发展老年人文体娱乐服务。地方政府要支持社区利用社区公共服务设施和社会场所组织开展适合老年人的群众性文化体育娱乐活动，并发挥群众组织和个人积极性。鼓励专业养老机构利用自身资源优势，培训和指导社区养老服务组织和人员。三是发展居家网络信息服务。地方政府要支持企业和机构运用互联网、物联网等技术手段创新居家养老服务模式，发展老年电子商务，建设居家服务网络平台，提供紧急呼叫、家政预约、健康咨询、物品代购、服务缴费等适合老年人的服务项目。政策措施：完善投融资政策；鼓励支持保险资金投资养老服务领域（以房养老试点）；税费优惠政策。到2020年，全面建成以居家为基础、社区为依托、机构为支撑的，功能完善、规模适度、覆盖城乡的养老服务体系。养老服务产品更加丰富，市场机制不断完善，养老服务业持续健康发展。

续表

序号	文件名称	发文字号	主要内容
2	国务院关于积极发挥新消费引领作用 加快培育形成新供给新动力的指导意见	国发〔2015〕66号	消费升级重点领域和方向，包含健康、养老等内容，例如发展可穿戴设备、智能家居等智能终端相关技术研发和产品服务等。
3	国务院办公厅关于加快发展生活性服务业 促进消费结构升级的指导意见	国办发〔2015〕85号	针对养老服务：以满足日益增长的养老服务需求为重点，完善服务设施，加强服务规范，提升养老服务体系建设水平。鼓励养老服务与相关产业融合创新发展，推动基本生活照料、康复护理、精神慰藉、文化服务、紧急救援、临终关怀等领域养老服务的发展。积极运用网络信息技术，发展紧急呼叫、健康咨询、物品代购等适合老年人的服务项目，创新居家养老服务模式，完善居家养老服务体系。加快推进养老护理员队伍建设，加强职业教育和从业人员培训。大力发展老年教育，支持各类老年大学等教育机构发展，扩大老年教育资源供给，促进养教结合。鼓励专业养老机构发挥自身优势，培训和指导社区养老服务组织和人员。引导社会力量举办养老机构，通过公建民营等方式鼓励社会资本进入养老服务业，鼓励境外资本投资养老服务业。鼓励探索创新，积极开发切合农村实际需求的养老服务方式。
4	国务院办公厅关于全面放开养老服务市场 提升养老服务质量的若干意见	国办发〔2016〕91号	《意见》指出，大力提升居家社区养老生活品质。一要推进居家社区养老服务全覆盖。开展老年人养老需求评估，加快建设社区综合服务信息平台，对接供求信息，提供助餐、助洁、助行、助浴、助医等上门服务，提升居家养老服务覆盖率和服务水平。依托社区服务中心（站）、社区日间照料中心、卫生服务中心等资源，为老年人提供健康、文化、体育、法律援助等服务。鼓励建设小型社区养老院，满足老年人就近养老需求，方便亲属照护探视。二要提升农村养老服务能力和水平。依托农村社区综合服务设施，拓展养老服务功能。鼓励各地建设农村幸福院等自助式、互助式养老服务设施，加强与农村危房改造等涉农基本住房保障政策的衔接。农村集体经济、农村土地流转等收益分配应充分考虑解决本村老年人的养老问题。加强农村敬老院建设和改造，推动服务设施达标，满足农村特困人员集中供养需求，为农村低收入老年人和失能、半失能老年人提供便捷可及的养老服务。鼓励专业社会

续表

序号	文件名称	发文字号	主要内容
4	国务院办公厅关于全面放开养老服务市场 提升养老服务质量的若干意见	国办发〔2016〕91号	工作者、社区工作者、志愿服务者加强对农村留守、困难、鳏寡、独居老年人的关爱保护和心理疏导、咨询等服务。充分依托农村基层党组织、自治组织和社会组织等，开展基层联络人登记，建立应急处置和评估帮扶机制，关注老年人的心理、安全等问题。三要提高老年人生活便捷化水平。通过政府补贴、产业引导和业主众筹等方式，加快推进老旧居住小区和老年人家庭的无障碍改造，重点做好居住区缘石坡道、轮椅坡道、公共出入口、走道、楼梯、电梯候梯厅及轿厢等设施和部位的无障碍改造，优先安排贫困、高龄、失能等老年人家庭设施改造，组织开展多层老旧住宅电梯加装。支持开发老年宜居住宅和代际亲情住宅。各地在推进易地扶贫搬迁以及城镇棚户区、城乡危房改造和配套基础设施建设等保障性安居工程中，要统筹考虑适老化设施配套建设。
5	国务院关于印发"十三五"国家老龄事业发展和养老体系建设规划的通知	国发〔2017〕13号	到2020年，老龄事业发展整体水平明显提升，养老体系更加健全完善，及时应对、科学应对、综合应对人口老龄化的社会基础更加牢固。一是大力发展居家社区养老服务。逐步建立支持家庭养老的政策体系，支持成年子女与老年父母共同生活，履行赡养义务和承担照料责任。支持城乡社区定期上门巡访独居、空巢老年人家庭，帮助老年人解决实际困难。支持城乡社区发挥供需对接、服务引导等作用，加强居家养老服务信息汇集，引导社区日间照料中心等养老服务机构依托社区综合服务设施和社区公共服务综合信息平台，创新服务模式，提升质量效率，为老年人提供精准化个性化专业化服务。鼓励老年人参加社区邻里互助养老。鼓励有条件的地方推动扶持残疾、失能、高龄等老年人家庭开展适应老年人生活特点和安全需要的家庭住宅装修、家具设施、辅助设备等建设、配备、改造工作，对其中的经济困难老年人家庭给予适当补助。大力推行政府购买服务，推动专业化居家社区养老机构发展。二是加强社区养老服务设施建设。统筹规划发展城乡社区养老服务设施，新建城区和新建居住（小）区按要求配套建设养老服务设施，老城区和已建成居住（小）区无养老服务设施或现有设施未达到规划要求的，通过购置、置换、租赁等方式建设。加强社区养老服务设施与社区综合服务设施的整合利用。支持在社区养老服务设施配备康复护理设施设备和器材。鼓励有条件的地方通过委托管理等方式，将社区养老服务设施无偿或低偿交由专业化的居家社区养老服务项目团队运营。

续表

序号	文件名称	发文字号	主要内容
6	国务院办公厅关于进一步激发社会领域投资活力的意见	国办发〔2017〕21号	《意见》从5个方面提出了37条具体可操作的政策措施。一是扎实有效放宽行业准入。制定社会力量进入相关领域的具体方案和跨部门全流程综合审批指引，在社会需求大、供给不足、群众呼声高的医疗、养老领域尽快有所突破，重点解决医师多点执业难、纳入医保定点难、养老机构融资难等问题。二是进一步扩大投融资渠道。三是认真落实土地税费政策。四是大力促进融合创新发展。制定医养结合管理和服务规范。五是加强监管优化服务。完善协同监管机制，探索建立服务市场监管体系，充分发挥部门、地方、协会商会的积极作用，建立全行业综合监管和评价机制，完善服务机构和从业人员黑名单制度和退出机制，实施监管信息常态化披露。
7	国务院办公厅关于推进养老服务发展的意见	国办发〔2019〕5号	《意见》提出了6个方面共28条具体政策措施，具体包括：一是深化放管服改革（建立养老服务综合监管制度，继续深化公办养老机构改革，解决养老机构消防审验问题，减轻养老服务税费负担，提升政府投入精准化水平，支持养老机构规模化、连锁化发展，做好养老服务领域信息公开和政策指引）；二是拓展养老服务投融资渠道（推动解决养老服务机构融资问题、扩大养老服务产业相关企业债券发行规模、全面落实外资举办养老服务机构国民待遇）；三是扩大养老服务就业创业（建立完善养老护理员职业技能等级认定和教育培训制度、大力推进养老服务业吸纳就业、建立养老服务褒扬机制）；四是扩大养老服务消费（建立健全长期照护服务体系、发展养老普惠金融、促进老年人消费增长、加强老年人消费权益保护和养老服务领域非法集资整治工作）；五是促进养老服务质量发展（提升医养结合服务能力，推动居家、社区和机构养老融合发展，持续开展养老院服务质量建设专项行动，实施"互联网+养老"行动，完善老年人关爱服务体系，大力发展老年教育）；六是促进养老服务基础设施建设［实施特困人员供养服务设施（敬老院）改造提升工程、实施民办养老机构消防安全达标工程、实施老年人居家适老化改造工程、落实养老服务设施分区分级规划建设要求、完善养老服务设施供地政策］。

续表

序号	文件名称	发文字号	主要内容
8	国务院关于实施健康中国行动的意见	国发〔2019〕13号	实施老年健康促进行动。老年人健康快乐是社会文明进步的重要标志。面向老年人普及膳食营养、体育锻炼、定期体检、健康管理、心理健康以及合理用药等知识。健全老年健康服务体系，完善居家和社区养老政策，推进医养结合，探索长期护理保险制度，打造老年宜居环境，实现健康老龄化。到2022年和2030年，65至74岁老年人失能发生率有所下降，65岁及以上人群老年期痴呆患病率增速下降。
9	关于建立完善老年健康服务体系的指导意见	国卫老龄发〔2019〕61号	主要从加强健康教育、加强预防保健、加强疾病诊治、加强康复和护理服务、加强长期照护服务、加强安宁疗护服务六大方面建立完善老年健康服务体系。以老年人为重点，做实家庭医生签约服务。探索建立从居家、社区到专业机构的失能老年人长期照护服务模式。实施基本公共卫生服务项目，为失能老年人上门开展健康评估和健康服务。通过政府购买服务等方式，支持社区嵌入式为老服务机构发展。依托护理院（站）、护理中心、社区卫生服务中心、乡镇卫生院等医疗卫生机构以及具备提供长期照护服务能力的社区日间照料中心、乡镇敬老院等养老机构，为失能老年人提供长期照护服务。鼓励各地通过公建民营、政府购买服务、发放运营补贴等方式，支持各类医养结合机构接收经济困难的高龄失能老年人。
10	中共中央、国务院印发《国家积极应对人口老龄化中长期规划》		规划目标是到2022年，我国积极应对人口老龄化的制度框架初步建立；到2035年，积极应对人口老龄化的制度安排更加科学有效；到21世纪中叶，与社会主义现代化强国相适应的应对人口老龄化制度安排成熟完备。具体措施：一是夯实应对人口老龄化的社会财富储备。通过扩大总量、优化结构、提高效益，实现经济发展与人口老龄化相适应。通过完善国民收入分配体系，优化政府、企业、居民之间的分配格局，稳步增加养老财富储备。健全更加公平更可持续的社会保障制度，持续增进全体人民的福祉水平。

续表

序号	文件名称	发文字号	主要内容
10	中共中央、国务院印发《国家积极应对人口老龄化中长期规划》		二是改善人口老龄化背景下的劳动力有效供给。通过提高出生人口素质、提升新增劳动力质量、构建老有所学的终身学习体系，提高中国人力资源整体素质。推进人力资源开发利用，实现更高质量和更加充分就业，确保积极应对人口老龄化的人力资源总量足、素质高。 三是打造高质量为老服务和产品供给体系。积极推进健康中国建设，建立和完善包括健康教育、预防保健、疾病诊治、康复护理、长期照护、安宁疗护的综合、连续的老年健康服务体系。健全以居家为基础、社区为依托、机构充分发展、医养有机结合的多层次养老服务体系，多渠道、多领域扩大适老产品和服务供给，提升产品和服务质量。 四是强化应对人口老龄化的科技创新能力。深入实施创新驱动发展战略，把技术创新作为积极应对人口老龄化的第一动力和战略支撑，全面提升国民经济产业体系智能化水平。 五是构建养老、孝老、敬老的社会环境。强化应对人口老龄化的法治环境，保障老年人合法权益。
11	民政部办公厅、发展改革委办公厅关于开展养老服务业综合改革试点工作的通知	民办发〔2013〕23号	重点围绕健全养老服务体系、引导社会力量参与养老服务、完善养老服务发展政策、强化城市养老服务设施布局、创新养老服务供给方式、培育养老服务产业集群、加强养老服务队伍建设、强化养老服务市场监管8个方面开展试点。
12	关于加强养老服务标准化工作的指导意见	民发〔2014〕17号	《关于加强养老服务标准化工作的指导意见》对加强养老服务标准化工作的重要意义、总体要求、主要任务、保障措施进行了部署。主要任务是：加快健全养老服务标准体系；加强养老服务标准化研究；抓好养老服务标准的贯彻实施；推进养老服务领域管理标准化；健全规范养老服务市场秩序。
13	关于做好养老服务业综合改革试点工作的通知	民办发〔2014〕24号	通过开展养老服务业综合改革试点，促进试点地区率先建成功能完善、规模适度、覆盖城乡的养老服务体系，创造一批各具特色的典型经验和先进做法，出台一批可持续、可复制的政策措施和体制机制创新成果，形成一批竞争力强、经济社会效益显著的服务机构和产业集群，为全国养老服务业发展提供示范经验。

附件1 关于居家养老服务框架性政策梳理

续表

序号	文件名称	发文字号	主要内容
14	关于做好政府购买养老服务工作的通知	财社〔2014〕105号	《通知》明确政府购买养老服务的基本原则和工作目标，要求根据养老服务的性质、对象、特点和地方实际情况，重点选取生活照料、康复护理和养老服务人员培养等方面开展政府购买服务工作，并分别从购买居家养老服务、购买社区养老服务、购买机构养老服务、购买养老服务人员培养、养老评估等5个角度明确了购买养老服务工作的具体内容。在购买居家养老服务方面，主要包括为符合政府资助条件的老年人购买助餐、助浴、助洁、助急、助医、护理等上门服务，以及养老服务网络信息建设；在购买社区养老服务方面，主要包括为老年人购买社区日间照料、老年康复文体活动等服务。
15	商务部关于推动养老服务产业发展的指导意见	商服贸函〔2014〕899号	通过推动养老服务产业发展，建成功能完善、规模适度、覆盖城乡的养老服务产业化发展模式，形成各具特色的典型经验、先进做法和可持续、可复制的政策措施及体制机制创新成果。探索多元化发展的居家养老服务体系，努力使城市居家养老服务网络实现全覆盖，服务设施不断充实，服务内容和形式不断丰富，服务队伍不断扩大；建设运作规范的社区日间照料中心、老年人活动中心以及农村养老服务综合设施和站点；培育一批带动力强的龙头企业、富有创新活力的中小企业，竞争力强、经济社会效益显著的服务机构和产业集聚群以及知名养老服务品牌等，为养老服务产业中长期发展奠定基础和积累经验。
16	关于鼓励民间资本参与养老服务业发展的实施意见	民发〔2015〕33号	一是鼓励民间资本在城镇社区举办或运营老年人日间照料中心、老年人活动中心等养老服务设施，为有需求的老年人，特别是高龄、空巢、独居、生活困难的老年人，提供集中就餐、托养、助浴、健康、休闲和上门照护等服务，并协助做好老年人信息登记、身体状况评估等工作。符合民办非企业单位登记条件的居家和社区养老服务机构，可以依法登记为民办非企业单位，其他机构依法登记为企业。二是通过政府购买服务、协调指导、评估认证等方式，鼓励民间资本举办家政服务企业、居家养老服务专业机构或企业，上门为居家老年人提供助餐、助浴、助洁、助急、助医等定制服务。积极引导有条件的居家养老服务企业实行规模化、网络化、品牌化经营，增加和扩大网点，提高养老服务的可及性。支持社区

续表

序号	文件名称	发文字号	主要内容
16	关于鼓励民间资本参与养老服务业发展的实施意见	民发〔2015〕33号	居家养老服务网点引入社会组织和家政、教育、物业服务等企业，兴办或运营形式多样的养老服务项目。鼓励专业居家养老机构对社区养老服务组织进行业务指导和人员培训。三是推进养老服务信息化建设，逐步实现对老年人信息的动态管理。支持民间资本运用互联网、物联网、云计算等技术手段，对接老年人服务需求和各类社会主体服务供给，发展面向养老机构的远程医疗服务，发展老年电子商务，为老年人提供紧急呼叫、家政预约、健康咨询、物品代购、服务缴费等服务项目。有条件的地方，可为居家老年人免费配置"一键通"等电子呼叫设备。
17	民政部 国家开发银行关于开发性金融支持社会养老服务体系建设的实施意见	民发〔2015〕78号	一是开发银行和各级民政部门建立开发性金融支持社会化养老服务体系建设工作联动机制，不定期召开工作协调会，确定工作计划和工作方案，共同监督合作项目执行情况，推动构建"政府引导、金融支持、社会参与、市场运作"的社会养老服务发展体制机制。二是双方合作重点支持领域为社区居家养老服务设施建设项目、居家养老服务网络建设项目、养老机构建设项目、养老服务人才培训基地建设项目和养老产业相关项目等五大类。三是民政部门和开发银行共同建立广泛的项目入口机制，民政部门充分发挥行业主管部门组织协调优势，向开发银行推荐养老项目，提供政策指导，并协助进行项目初选和贷后管理。四是开发银行充分发挥开发性金融中长期融资优势，积极开展养老项目开发、评审、审批及贷款发放和贷后管理。开发银行养老项目贷款期限根据项目偿债能力分析确定，最长可达15年，宽限期最长可达3年。
18	国家发展改革委办公厅 民政部办公厅 全国老龄办综合部关于进一步做好养老服务业发展有关工作的通知	发改办社会〔2015〕992号	从"落实养老服务业发展政策、加大养老服务体系投入力度、谋划'十三五'养老服务体系建设、推进养老服务业综合改革试点、推进健康与养老服务重大工程、推动养老服务业创新发展、探索建立多元化投融资模式、维护养老服务业发展环境"8个方面进行了强调部署。

续表

序号	文件名称	发文字号	主要内容
19	民政部发布《老年社会工作服务指南》行业标准	MZT 064-2016	该标准规定了老年社会工作的术语和定义、服务宗旨、服务内容、服务方法、服务流程、服务管理、人员要求和服务保障等,适用于社会工作者面向有需要的老年人及其家庭开展的社会工作服务。该标准的研究制定和发布实施,对总结推广各地老年社会工作实务经验,科学规范、正确引导老年社会工作服务行为,充分发挥老年社会工作者在养老服务业中的专业作用,切实保障老年社会工作服务质量,将具有重要促进作用。
20	民政部联合人民银行等五部门下发金融支持养老服务业发展指导意见	银发〔2016〕65号	主要目标:到2025年,基本建成覆盖广泛、种类齐全、功能完备、服务高效、安全稳健,与我国人口老龄化进程相适应,符合小康社会要求的金融服务体系。主要任务:完善促进居民养老和养老服务业发展的多层次金融组织体系;积极创新专业金融组织形式,支持各类金融组织开展养老领域金融服务,积极培育服务养老的金融中介体系;积极创新适合养老服务业特点的信贷产品和服务;支持拓宽有利于养老服务业发展的多元化融资渠道;推动完善养老保险体系建设,优化保险资金使用;着力提高居民养老领域的金融服务能力和水平。
21	关于推进老年宜居环境建设的指导意见	全国老龄办发〔2016〕73号	重点建设适老居住环境、适老出行环境、适老健康环境、适老生活环境和适老文化环境。推进老年人住宅适老化改造。建立社区防火和紧急救援网络,完善老年人住宅防火和紧急救援救助功能,鼓励发展老年人紧急呼叫产品与服务,鼓励安装独立式感烟火灾探测报警器等设施设备。对老年人住宅室内设施中存在的安全隐患进行排查和改造,有条件的地方可对于特困老年人家庭的改造给予适当补助。引导老年人家庭对日常生活设施进行适老化改造。健全社区生活服务网络。扶持专业化居家养老服务组织,不断开发服务产品、提高服务质量。广泛发展睦邻互助养老服务。依托社区自治组织,发挥物业管理企业及驻区单位的积极作用,向有需求的老年人提供基本生活照料等多种服务。发挥各类志愿服务组织的积极作用,引导社会各界开展多种形式的助老惠老志愿服务活动。

续表

序号	文件名称	发文字号	主要内容
22	民政部 国家发展改革委员会关于印发《民政事业发展第十三个五年规划》的通知	民发〔2016〕107号	全面建成以居家为基础、社区为依托、机构为补充、医养相结合的多层次养老服务体系，全面放开养老服务市场。支持企业和机构运用移动互联网、云计算、大数据、物联网等技术手段与养老服务深度融合，创新居家智慧养老服务提供方式。推广居家养老服务网络平台，提供紧急呼叫、家政预约、健康管理、物品代购、餐饮递送、服务缴费、康复辅具等适合老年人的服务项目。依托各类社区养老服务设施，探索新型居家养老模式。大力支持农村互助型养老服务设施建设，发挥村民自治组织作用，积极动员村民和社会力量参与运营服务，为农村老年人就地提供就餐服务、生活照顾、日间休息、休闲娱乐等综合性日间照料服务。鼓励城市社区老年人参加各类志愿服务组织和社区邻里互助，开展自助互助养老活动。加强基层老年协会建设，组织开展各类老年人文化娱乐活动。
23	关于印发《养老服务体系建设中央补助激励支持实施办法》的通知	发改社会〔2016〕2776号	明确了发展改革委、民政部有关中央预算内投资激励支持措施和财政部、民政部有关福利彩票公益金激励支持措施。三部门将按照相关措施考核各省（区、市）本年度有关工作实施情况，遴选出西部地区前2名的省市、中部地区前2名的省市和东部地区前2名的省市，由国务院办公厅统一予以表彰。同时，三部门在安排年度相关中央补助时，将对表彰省市予以资金倾斜支持。
24	服务业创新发展大纲（2017—2025年）		全面放开养老服务市场，加快发展居家和社区养老服务，支持社会力量举办养老服务机构，鼓励发展智慧养老。
25	财政部关于印发《中央财政支持居家和社区养老服务改革试点补助资金管理办法》的通知	财社〔2017〕2号	补助资金由试点地区统筹其他渠道的政府补助及社会资源，重点用于支持以下领域：1.支持通过购买服务、公建民营、民办公助、股权合作等方式，鼓励社会力量管理运营居家和社区养老服务设施，培育和打造一批品牌化、连锁化、规模化的龙头社会组织或机构、企业，使社会力量成为提供居家和社区养老服务的主体。2.支持城乡敬老院、养老院等养老机构开展延伸服务，直接提供居家和社区养老服务，或为居家和社区养老服务设施提供技术支撑。3.支持探索多种模式的"互联网+"居家和社区养老服务模式和智能养老技术应用，促进供需双方对接，为老年人提供质优

续表

序号	文件名称	发文字号	主要内容
25	财政部关于印发《中央财政支持居家和社区养老服务改革试点补助资金管理办法》的通知	财社〔2017〕2号	价廉、形式多样的服务。4. 支持养老护理人员队伍建设，加强专业服务人员培养，增强养老护理职业吸引力，提升养老护理人员素质。5. 推动完善相关养老服务的标准化和规范化建设，通过购买服务方式，积极培育和发展第三方监管机构和组织，建立服务监管长效机制，保证居家和社区养老服务质量水平。6. 支持采取多种有效方式，积极推进医养结合，使老年人在居家和社区获得方便、快捷、适宜的医疗卫生服务。7. 支持老城区和已建成居住（小）区通过购置、置换、租赁等方式开辟养老服务设施，支持依托农村敬老院、行政村、较大自然村利用已有资源建设日间照料中心、养老服务互助幸福院、托老所、老年活动站等农村养老服务设施，满足城乡老年人特别是空巢、留守、失能、失独、高龄老年人的养老服务需求。
26	关于加快推进养老服务业放管服改革的通知	民发〔2017〕25号	进一步简化优化养老机构相关审批手续，鼓励各地采取公建民营等方式，将产权归政府所有的养老服务设施委托企业或社会组织运营。鼓励发起设立采取股权投资等市场化方式独立运作的养老投资基金，吸引社会力量进入养老服务基础设施和服务领域。
27	民政部 财政部 关于做好第一批中央财政支持开展居家和社区养老服务改革试点工作的通知	民发〔2017〕54号	确定7项基本试点任务：建立政府领导、部门协同的试点工作领导小组；建立试点经费保障机制；建立省级试点工作督促指导机制；开展试点地区特殊和困难老年人筛查摸底工作，为制定试点方案、明确服务重点等工作提供决策依据；推动形成以社会力量为主体的居家和社区养老服务多元供给格局；探索建立居家和社区基本养老服务清单制度；增加一批居家和社区养老服务设施。明确特色试点任务：特色试点任务是指试点地区根据本地区居家和社区养老服务特点需要，自行选择在试点地区所有或部分区县范围内开展的试点。主要包括：建立居家和社区养老服务信息平台；推进居家和社区养老服务与医疗卫生服务相结合；加强居家和社区养老服务人才队伍建设；探索农村居家和社区养老服务长效发展模式。

续表

序号	文件名称	发文字号	主要内容
28	关于运用政府和社会资本合作模式支持养老服务业发展的实施意见	财金〔2017〕86号	政府和社会资本合作提供养老服务的供给能力大幅提高、质量明显改善、结构更加合理，市场活力和社会创造力得到充分激发，多层次、多样化的养老服务市场初步形成。政府职能转变、"放管服"改革成效显著，群众满意度显著提高，养老服务业成为推动经济社会发展的新动能。
29	民政部 国家标准委关于印发《养老服务标准体系建设指南》的通知	民发〔2017〕145号	第一个维度：老年人自理能力。养老服务以需求为导向，不同自理能力的老年人需要不同的养老服务，将老年人按照自理程度分为自理老年人、部分自理老年人、完全不能自理老年人三类。第二个维度：养老服务形式。按照我国养老服务体系构成，养老服务形式分为居家养老、社区养老、机构养老三类。第三个维度：服务。养老服务中涉及的各类服务项目、领域、类型。第四个维度：管理。养老服务中涉及的人员、场所、设施、安全等各类管理要素。
30	关于加强农村留守老年人关爱服务工作的意见	民发〔2017〕193号	第一次对农村留守老年人关爱工作作出全国性战略部署。《意见》突出强化家庭在留守老年人赡养与关爱服务中的主体责任，进一步强调家庭子女和其他赡养、扶养人要依法履行对留守老年人经济上供养、生活上照料和精神上慰藉的义务，避免生活不能自理的留守老年人单独居住生活；在尊重老年人意愿的前提下，赡养义务人可与亲属或其他人员签订委托照顾协议，并向村民委员会报备。对不履行赡养、扶养义务情节严重的，依法追究其法律责任。
31	国家14个部委联合发文关于开展人口老龄化国情教育的通知	全国老龄办发〔2018〕6号	《通知》指出，人口老龄化国情教育面向全社会，重点对象是党政干部、青少年和老年人三类人群。到2020年，我国全社会人口老龄化国情意识明显增强，关爱老年人的意识和老年人的自爱意识大幅提升，积极应对人口老龄化的社会氛围更加浓厚。

续表

序号	文件名称	发文字号	主要内容
32	民政部关于贯彻落实新修改的《中华人民共和国老年人权益保障法》的通知	民函〔2019〕1号	该法是保障老年人合法权益，发展老龄事业，弘扬中华民族敬老、养老、助老的美德而制定的法律。《中华人民共和国老年人权益保障法》是1996年8月29日八届全国人大常委会第21次会议通过的。现行版本是2018年12月29日第十三届全国人民代表大会常务委员会第七次会议修正的。《中华人民共和国老年人权益保障法》表明，一是不再实施养老机构设立许可。二是依法做好登记和备案管理。三是加强养老机构事中事后监管。四是做好法规政策修改和宣传引导。

附件2
全国居家和社区养老服务改革试点地区汇总[①]

第一批 中央财政支持开展居家和社区养老服务改革试点地区名单

1. 北京市：丰台区、石景山区
2. 天津市：河东区
3. 河北省：石家庄市
4. 山西省：太原市
5. 辽宁省：沈阳市
6. 吉林省：长春市
7. 黑龙江省：哈尔滨市
8. 上海市：松江区、虹口区
9. 江苏省：南京市、苏州市
10. 浙江省：杭州市、宁波市
11. 安徽省：铜陵市
12. 江西省：南昌市
13. 山东省：济南市、威海市
14. 湖北省：武汉市
15. 湖南省：长沙市、湘潭市

---

① 资料来源：中华人民共和国民政部，http://www.mca.gov.c。

16. 广东省：广州市
17. 四川省：成都市
18. 云南省：昆明市
19. 甘肃省：兰州市
20. 青海省：海东市

第二批 中央财政支持开展居家和社区养老服务改革试点地区名单

1. 北京市：西城区
2. 天津市：南开区
3. 辽宁省：大连市、盘锦市
4. 上海市：长宁区、金山区
5. 江苏省：徐州市、南通市
6. 浙江省：温州市、绍兴市
7. 安徽省：合肥市、安庆市
8. 福建省：福州市、龙岩市
9. 江西省：赣州市、吉安市
10. 山东省：烟台市、济宁市
11. 河南省：郑州市、许昌市
12. 湖南省：株洲市、常德市
13. 海南省：海口市
14. 重庆市：九龙坡区
15. 四川省：攀枝花市、遂宁市
16. 青海省：西宁市
17. 宁夏回族自治区：石嘴山市

第三批　中央财政支持开展居家和社区养老服务改革试点地区名单

1. 北京市：通州区
2. 河北省：唐山市
3. 山西省：大同市、晋城市
4. 辽宁省：辽阳市、营口市
5. 吉林省：延边市、通化市
6. 黑龙江省：双鸭山市
7. 上海市：奉贤区、杨浦区
8. 江苏省：无锡市、宿迁市
9. 安徽省：阜阳市、淮北市
10. 福建省：三明市、漳州市
11. 江西省：新余市、抚州市
12. 山东省：菏泽市、潍坊市
13. 河南省：洛阳市
14. 湖北省：宜昌市、黄石市
15. 湖南省：岳阳市、益阳市
16. 广西壮族自治区：南宁市
17. 重庆市：沙坪坝区、渝中区
18. 四川省：宜宾市
19. 贵州省：贵阳市、六盘水市
20. 陕西省：西安市、宝鸡市
21. 甘肃省：嘉峪关市
22. 新疆生产建设兵团：第六师五家渠

第四批 中央财政支持开展居家和社区养老服务改革试点地区名单

1. 北京市：朝阳区
2. 天津市：静海区
3. 河北省：邯郸市
4. 山西省：长治市
5. 内蒙古自治区：呼和浩特市
6. 辽宁省：锦州市、鞍山市
7. 吉林省：吉林市
8. 黑龙江省：鹤岗市、齐齐哈尔市
9. 上海市：闵行区
10. 江苏省：连云港市、镇江市
11. 浙江省：湖州市、丽水市
12. 安徽省：马鞍山市、蚌埠市、池州市
13. 福建省：泉州市、厦门市、南平市
14. 江西省：宜春市、九江市、萍乡市
15. 山东省：青岛市、日照市
16. 河南省：鹤壁市、商丘市
17. 湖北省：咸宁市、荆门市、孝感市
18. 湖南省：永州市、衡阳市、郴州市
19. 广东省：深圳市
20. 广西壮族自治区：北海市、柳州市
21. 海南省：三亚市
22. 重庆市：南岸区、大足区
23. 四川省：泸州市、眉山市
24. 贵州省：遵义市、毕节市

25. 云南省：丽江市

26. 陕西省：咸阳市、渭南市、延安市

27. 甘肃省：金昌市

28. 青海省：海北藏族自治州

29. 宁夏回族自治区：固原市

30. 新疆维吾尔自治区：乌鲁木齐市、伊宁市

31. 新疆生产建设兵团：八师石河子市

第五批　中央财政支持开展居家和社区养老服务改革试点地区名单

1. 北京市：海淀区

2. 天津市：和平区

3. 河北省：承德市

4. 山西省：晋中市、吕梁市

5. 内蒙古自治区：包头市、乌海市

6. 辽宁省：丹东市、抚顺市

7. 吉林省：松原市、辽源市

8. 黑龙江省：七台河市、佳木斯市

9. 上海市：徐汇区

10. 江苏省：常州市、淮安市

11. 浙江省：金华市、台州市

12. 安徽省：滁州市

13. 福建省：莆田市

14. 江西省：上饶市、景德镇市

15. 山东省：泰安市、临沂市

16. 河南省：焦作市、信阳市

17. 湖北省：襄阳市、荆州市、黄冈市

18. 湖南省：邵阳市、娄底市、怀化市
19. 广东省：惠州市、珠海市、云浮市
20. 广西壮族自治区：梧州市、桂林市
21. 重庆市：北碚区、渝北区、万州区
22. 四川省：南充市、广安市、乐山市
23. 贵州省：黔南布依族苗族自治州、黔西南布依族苗族自治州
24. 云南省：大理白族自治州
25. 西藏自治区：拉萨市
26. 陕西省：榆林市、铜川市、安康市
27. 甘肃省：白银市、临夏回族自治州
28. 青海省：海西蒙古族藏族自治州
29. 宁夏回族自治区：银川市
30. 新疆维吾尔自治区：克拉玛依市、昌吉回族自治州、哈密市
31. 新疆生产建设兵团：四师可克达拉市、一师阿拉尔市

附件 3

我国老年临终关怀政策：回顾与前瞻①

一 老年临终关怀政策背景

随着我国人口老龄化程度不断加深，死亡人口中老年人口所占比例不断增加。2015 年全国 1% 人口抽样调查数据显示，2015 年死亡人口中，60 岁及以上的老年人口占总死亡人数的 78.47%。此外，老年人的疾病谱已经从传染性疾病向慢性非传染性疾病转变，根据 2014 年的全国性调查，75.23% 的老年人自报患有慢性疾病，而慢性病则逐渐成为老年人死亡的主要原因。因此，如何在老年人生命末期帮助其减轻疾病痛苦，并依照其自身意愿使老年人更有尊严地面对死亡，对于提高老年人的死亡质量和家属的生活质量非常重要。在此背景下，从政策层面对于老年人临终关怀的探讨既是人道主义价值观的体现，也是目前我国人口老龄化社会情境下社会政策发展的现实需求。

临终关怀（hospice care）不以延长临终病人生命为目的，而是减轻临终病人的身心痛苦，满足病人自身需要，维护临终病人的尊严，同时给予病人家属精神上的支持，使其坦然地接受事实。也就是说临终关怀不强调"治疗"（cure），而强调对于临终者身心灵等方面的"照护"（care）。临终关怀在服务过程中强调"四全"，即全人、全程、全家、全队。"全人"是指不仅对于晚期病人的身体进行照护，也对其心理层

---

① 资料来源：纪竞垚.《我国老年临终关怀政策：反思与前瞻》，《社会建设》，2017，4（05）。

纪竞垚.《我国老年临终关怀政策：回顾与前瞻》，《社会科学文献》，2018（01）。

面、社会层面和灵性进行辅导与支持，使其更能坦然面对死亡。"全程"是指临终关怀工作团队不仅要在病人过世前给予病人及其家属支持，也会在病人过世后对其丧葬事宜以及家属的悲伤情绪进行咨询与辅导。"全家"是指临终关怀的服务对象不仅包括临终者本身，还包括其家属和其他照料者。"全队"是指临终关怀团队是一个固定模式化的团队，包括医师、护士、心理咨询师、社会工作者等。虽然临终关怀对象也涉及青少年、癌症患者等群体，但老年群体是临终关怀无可争议的核心群体。因此，在本文中将老年临终关怀服务界定为专门为60岁及以上濒临死亡的老年人及其家庭提供的一套涉及医疗、护理、心理咨询、健康教育、死亡教育、精神和社会支援以及居丧照护的综合性服务。目前，老年临终关怀服务的类型主要包括三种：一是独立的临终关怀医院，其为临终者提供医疗、护理、心理咨询等一系列的临终服务；二是附属医院或养老机构的临终关怀病房，其主要依托医院或养老机构的医疗护理资源对临终者进行相关服务；三是社区及居家临终关怀服务，病人居住在家里，由临终关怀团队或社区医院为病人及其家属提供服务。

二 老年临终关怀政策发展现状

虽然我国老年临终关怀政策较欧美等发达经济体起步较晚、发展也不成熟，但我国老年临终关怀政策从八九十年代从无到有的探索阶段到21世纪初的快速发展，再到目前的调整完善期从总体上看是一直在进步和发展的。有学者认为中国临终关怀政策发展大致经历了三个阶段，即2006年之前的探索期，主要由医疗卫生部门在进行探索、尝试和奠基；2006—2012年的扩展期，主要由老龄工作部门在借鉴、引用和发展；2012年至今的发展完善期，主要由医疗卫生部门对临终关怀资源进行布局完善政策实践。根据Gilbert和Terrell的社会政策分析框架，可以看出，总体上有关临终关怀政策的分配基础是按照选择性原则，针对临终期间需要关怀的患者，特别是老年人提供安宁治疗服务，使其有尊严地离开人世。对于资金来源问题，由于该服务正处于起步阶段，在全国层面上并没有统一将临终关怀服务纳入到医疗保险中，更多地采取个体出资的方式，在福利性、充足性等方面尚有拓展的空间。

对于临终关怀服务的相关政策，既有法律层面的《老年人权益保障法》，也有从养老、医疗层面提出要关注临终关怀服务，直到2017年出台《安宁疗护中心基本标准（试行）》，更加全面、系统地探讨了临终关怀服务的建立和标准，但尚未探讨资金、服务体系的搭建等规章和配套措施。从整体上讲，政策设立主体从老龄部门转到医疗部门，分工更加专业化、系统化。可以说，纵向来看政策的可操作性逐渐增强、内容逐渐完善。具体来看，从1994年开始，《关于卫生部下发"医疗机构诊疗科目名录"的通知》下发后，临终关怀科作为一个独立的诊疗科室合法地位得以确立；在2000—2002年间，医疗卫生部门主要从护理角度开始探索老年临终关怀服务；2006年以后，临终关怀政策得以迅速扩展。老龄工作部门开始意识到临终关怀服务在老龄工作中的重要作用，《国务院办公厅转发全国老龄委办公室和发展改革委等部门关于加快发展养老服务业意见的通知》（国发办〔2006〕6号）以及《中国老龄事业的发展白皮书》都提到了临终关怀服务是发展老龄事业的组成部分。2011年以后，随着我国政府对老龄事业和养老服务业的重视，对于临终关怀政策也进入了完善期。2012年临终关怀服务写入新修订的《中华人民共和国老年人权益保障法》，标志着我国政府从法律高度关注临终关怀服务。此后，医疗部门也继续鼓励临终关怀服务的发展并将临终关怀服务纳入今后的工作规划当中。

为了响应上述政策法规，在政策实践方面，我国相继建立了临终关怀机构、成立了相关组织，也在学界进行了相关的学术探讨与培训。具体来说，1988年我国第一个临终关怀病房——天津医学院成立，天津医科大学临终关怀研究中心作为我国第一家临终关怀专门研究机构正式成立。同年10月，南汇护理院作为我国第一所临终关怀机构成立。此外，李嘉诚基金会对内地临终关怀事业做出较大贡献。从1998年开始，李嘉诚捐资在内地开办30多家慈善性质宁养院，基金会每年拨款2500万元用于宁养院建设运营。2005年，中国老龄事业发展基金会在全国实施"爱心护理工程"，在全国300个大中城市建立"爱心护理院"，专门为老龄重病的老人们提供临终关怀服务。值得一提的是，临终关怀机构的分布状况大体是东部沿海多（上海、北京、天津、广州等），内陆地区少，一些经济欠发达地区很少有临终关怀机构。在协会组织方面，1993年中国心理卫生协会临终关怀专业委员会成立；2006年，由李家熙教授发起与倡导的中国生命关怀协会正式成立；中国抗癌协会也致力于探索发展临终关怀服务。这些专业协会的成立也为临终关怀研究和服务实施提供了较好的平台。此外，在学术界针对临终关怀服务，特别是老年临终关怀逐渐受到医学、老年学、社会学等各学科的重视。1991年天津临终关怀研究中心举办了"首次全国临终关怀学术研讨会暨讲习班"，到目前为止已经举办五期临终关怀讲习班；1996年《临终关怀杂志》创刊；目前有多家高校开设了临终关怀相关课程；2016年10月，由北京大学肿瘤医院和台湾安宁照顾基金会联合主办的亚太地区华语安宁疗护高峰论坛在北京圆满落幕。

综上所述，我们看到有关老年临终关怀服务的政策目标主要为推进老年临终关怀服务，使老人减轻痛苦、有尊严地离世，从而提高老年人及其家属的生命质量。为了达成上述目标，政府出台了一系列的政策、指导意见等发展老年临终关怀事业，同时在实践中也通过建立机构、成立组织、学术研讨与培训等方式探索临终关怀服务。但我们也必须看到，目前的政策特点是，虽然近年来政策出台频率较高，但也面临着管理分割化、服务碎片化等问题。基于此，我们有必要对我国老年临终关怀政策面临的挑战进行分析。

三 老年临终关怀政策面临的挑战

（一）管理分割、权责不清

由于目前我国对于临终关怀的定位和类型界定不够清晰，使得临终关怀服务的管理单位不明晰。相关管理单位通常涉及老龄办、卫计委、民政部门等，部门之间权责界定不清使得政策落实较为困难。例如，目前有一些临终关怀病房附属于医院或养老机构，在传统的职能部门划分中，医院及药物管理主要由卫生部门监管，而民政部门主要对接养老机构的相关工作，当带有较多医疗性质的临终关怀医院附属在养老机构中,就自然造成管理缺位的现象,临终关怀服务的定位不明使得管理更加分割、权责界限不清。

(二)服务碎片化、体系化程度低

就政策本身来看,有关临终关怀服务的政策多是通过医疗护理、老年服务业等改革意见提出的,作为医疗护理工作和老年服务业的一部分,很少针对临终关怀服务进行全面的、体系化的规定,更无健全的配套政策。

例如,目前一些临终关怀机构面临经营不可持续问题:私立的临终关怀机构,不纳入医保报销范围,使得公众可能因较高的医疗费用而放弃此类服务;而一些公立的临终关怀医院虽然纳入医保范围,但由于临终关怀服务的性质决定了此种服务采取不主动治疗的策略,医疗费、检查费自然相对较低,医院出于自身利益考量,倾向于取消临终关怀服务;更有一些临终关怀机构存在临终病房空置现象。

这一方面是由于财政和医保部门与民政、老龄、卫计等部门的樊篱没有打通,使得机构筹资困难;另一方面也由于管理和法规政策(如资金来源、服务机构的等级和管理、机构设置具体要求、服务规范、技术支持、人才培养等)的缺失使得临终关怀服务并没有呈体系化发展,而是呈现分散化、碎片化的"放养"发展状态。

(三)政策可操作性和连续性较差

目前的临终关怀政策的提及多是理念、观念上的倡导,实际可操作性较差,政策的连贯性也较弱。一是缺乏标准化评估标准,目前我国对于临终病人的评估机制不够完善,大多是借鉴国外经验并按照医护人员的经验来判断,没有非常明确的评估标准。二是收费标准较为模糊。目前在行业内部并没有形成一个相对规范、稳定且统一的收费标准,在政策层面亦无相关规定。三是临终关怀服务的运作模式较为模糊。英国临终关怀已经形成一个产业,是国家医疗体系中的一部分。而我国目前的运营模式有以公立临终关怀医院为主体进行非市场化运作,也有私立临终关怀医院动员社会力量进行筹资实行市场化运作模式，但两种服务运作模式皆不成熟且可持续性堪忧。例如，在很多情况下，临终关怀住院和医保制度衔接不上令一些临终关怀医院出现病床空置现象。四是补贴优惠力度不足，发展动力较弱。目前只有上海和青岛明确对临终关怀服务给予相关优惠、补助，且青岛市将失能老人临终关怀纳入长期医疗护理保险保障体系。五是政策的连续性较差。目前有关临终关怀的政策多是阶段性提及，对于政策执行的效果评估与反馈机制尚未建立完善，因此政策的连贯程度较差。

当然，上述政策面临的挑战离不开社会公众对于临终关怀的知晓程度、接受程度较低的社会历史环境。传统的死亡观认为死亡是一种禁忌，是不可明说、不可在公共领域讨论的。而中国传统的孝道文化也使得子女接受临终关怀服务变得困难。所以出现浙江居民区内建立临终关怀医院招致居民集体抗议的事件、北京松堂医院在10年内搬7次家等便不足为奇。

四 老年临终关怀制度体系的构建与思考

从社会政策的视角来看，一项社会政策的制定和实施离不开对于政策目标的确切把握、对于政策主体和客体的明晰、对于政策取向的选择和实行政策的准备。本部分将就政策目标、政策主体和客体、政策取向以及政策准备进行探讨。

在政策目标方面，需结合老年期的生理、心理和社会特征构建符合老年人需求的"全人、全程、全队、全家"的临终关怀模式，整合相关资源，并结合各地实际确定服务覆盖范围，完善临终关怀服务体系，目的是使临终老人得到有尊严的、体面的照护服务，从而提高老年患者及其家人的生活质量。

在政策主客体选择方面，临终关怀政策制定的主体应为政府部门，包括涉及资金筹集管理的财政部门、医保部门，同时也包括对具体服务实行监管的老龄部门、卫生计生部门、民政部门等。各主体部门应明确对于临终关怀服务的权责边界，把握好老年临终关怀服务在养老服务业中的定位。政策客体主要涉及老年患者及其家属、临终关怀各类型机构等。这里便涉及临终关怀服务模式的问题。以往有一些学者就我国的临终关怀模式进行了探讨，这些模式大多离不开家庭、社区、临终关怀团队作为政策客体，而笔者认为应借鉴"整合式照料"的思路，将养老及医疗资源整合并对接家庭、社区，通过政策主体给予优惠补贴的形式促进老年临终关怀服务的发展，同时激活市场活力，加强与小规模、多功能的小型社区养老机构合作，在社区内提供相关服务并进一步通过市场化运作充分促进社会力量参与临终关怀服务。

在政策取向方面，目前有两大类的政策取向：一是以"人"为导向或用户自我管理为导向的政策取向，二是以"专家"或"一线工作者"为导向的政策取向。前者主要指以服务对象即老年临终者的需求为导向，制定符合其需求的政策。后者主要指专家制定个性化的服务，通过个案管理的方式进行服务；"一线工作者"更熟知被照料者的情况，其将提供一揽子的照料方案。在政策取向的选择方面，笔者认为需以服务对象为导向，辅之以专家或一线工作者的经验做参考。因为临终关怀的本质或最终目标是实现"尊严死"，虽然死亡是一个社会事件，但对于个人而言更是一件个体性事件，因此需要在尊重服务对象的个人意志的前提下为其提供相应的政策支撑。

最后，在政策准备方面需考虑软硬件准备。从"硬件"来看，通过电子信息技术，建立健康档案的同时，建立完善的信息系统，一方面使个体的信息和需求可以准确无误地传输到专家和一线工作者处，另一方面也可以使患者及家属及时了解服务动态，并对服务提出建议和反馈，以便更加及时地调整服务。从"软件"上来看，需加强公众的生命教育/死亡教育，并从青少年开始，尝试让学生正确理解死亡。此外，国内高校及研究机构也需加强对于生死学等相关学科的研究和跨学科探讨，使更多的人关注这一领域，从而加强对于死亡质量的认识。

老年临终关怀政策作为一项社会政策，扮演着个体生命末期的重要角色。完善临终关怀政策不仅仅体现了社会的福祉，更体现了以人为本的社会关怀和注重生命价值的社会底线。通过对我国临终关怀政策特别是老年临终关怀政策的梳理，我们看到了近年来的快速发展，但也需看清问题所在，并为继续完善临终关怀事业提供借鉴。

参考文献

1. [美]阿图·葛文德（Atul Gawande）：《最好的告别》，浙江人民出版社 2015 年版。
2. 陈功：《社会变迁中的养老和孝观念研究》，中国社会出版社 2009 年版。
3. 陈赛权：《中国养老模式研究综述》，《人口学刊》2000 年第 3 期。
4. 陈卫民：《社会政策中的家庭》，《学术研究》2012 年第 9 期。
5. 陈卫民：《我国家庭政策的发展路径与目标选择》，《人口研究》2012 年第 36 卷第 4 期。
6. 陈友华：《居家养老及其相关的几个问题》，《人口学刊》2012 年第 4 期。
7. 陈友华：《居家养老及其相关的几个问题》，《人口学刊》2012 年第 4 期。
8. 成海军：《我国居家和社区养老服务发展分析与未来展望》，《中国社会工作》2019 年第 26 期。
9. 慈勤英、宁雯雯：《多子未必多福——基于子女数量与老年人养老状况的定量分析》，《湖北大学学报》（哲学社会科学版）2013 年第 40 卷第 4 期。
10. 崔丽娟、徐硕、王小慧：《老年人的养老观念与养老模式》，《中国老年学杂志》2000 年第 20 卷第 1 期。
11. 董克用、魏娜：《迈向 2030：中国公共服务现代化》，中国人民大学出版社 2018 年版。

12. 杜鹏、曲嘉瑶：《中国老年人对子女孝顺评价的变化及影响因素》，《人口研究》2013 年第 5 期。

13. 杜鹏、王永梅：《构建全面小康社会老年长期照护体系》，《中国社会科学报》2017 年 1 月 6 日第 4 版。

14. 杜鹏：《中国老年人口健康状况分析》，《人口与经济》2013 年第 6 期。

15. 杜鹏：《回顾与展望：中国老年人养老方式研究》，团结出版社 2016 年版。

16. 费孝通：《家庭结构变动中的老年赡养问题——再论中国家庭结构的变动》，《北京大学学报》(哲学社会科学版) 1983 年第 20 卷第 3 期。

17. 高法成：《孝与养的失衡——一个贵州侗族村寨的养老秩序》，华中科技大学出版社 2014 年版。

18. 谷玉良：《农村人口外流与农村养老困境》，《华南农业大学学报》(社会科学版) 2018 年第 1 期。

19. 顾大男、柳玉芝等：《我国老年人临终前需要完全照料的时间分析》，《人口与经济》2007 年第 6 期。

20. 胡宏伟、栾文敬、杨睿等：《挤入还是挤出：社会保障对子女经济供养老人的影响——关于医疗保障与家庭经济供养行为》，《人口研究》2012 年第 2 期。

21. 黄匡时：《供求关系视角下的中国老年照料服务资源分析》，《中国人口·资源与环境》2013 年第 s2 期。

22. 黄伟伟、陆迁、赵敏娟：《社会资本对西部贫困地区农村老年人健康质量的影响路径——基于联立方程模型的中介效应检验》，《人口与经济》2015 年第 5 期。

23. 纪竞垚：《我国家庭养老观念的现状及变化趋势》，《老龄科学研究》2016 年第 1 期。

24. 纪竞垚：《我国老年临终关怀政策：反思与前瞻》，《社会建设》2017 年第 5 期。

25. 纪竞垚：《只有一孩，靠谁养老？——独生子女父母养老意愿及影响因素分析》,《老龄科学研究》2015 年第 8 期。

26. 纪竞垚:《家庭照料对老年人机构养老意愿的影响——基于 CLASS 数据的实证分析》,《调研世界》2019 年第 1 期。

27. 纪竞垚:《子女对父母的照料时长对其照料表现的影响研究》,《调研世界》2018 年第 2 期。

28. 江克忠、陈友华:《亲子共同居住可以改善老年人的心理健康吗?——基于 CLHLS 数据的证据》,《人口学刊》2016 年第 6 期。

29. 黄建:《农村老年宜居社区建设评价体系研究》,《开放导报》2016 年第 2 期。

30. 姜向群:《养老转变论:建立以个人为责任主体的政府帮助的社会化养老方式》,《人口研究》2007 年第 31 卷第 4 期。

31. 蒋承、赵晓军:《中国老年照料的机会成本研究》,《管理世界》2009 年第 10 期。

32. 靳永爱、周峰、翟振武:《居住方式对老年人心理健康的影响——社区环境的调节作用》,《人口学刊》2017 年第 3 期。

33. 李德明、陈天勇、李海峰:《中国社区为老服务及其对老年人生活满意度的影响》,《中国老年学杂志》2009 年第 19 期。

34. 李建新、刘保中:《城乡老年人口生活满意度差异及变化分析——基于 CLHLS 项目调查数据》,《学海》2015 年第 1 期。

35. 李连友、李磊、邓依伊:《中国家庭养老公共政策的重构——基于家庭养老功能变迁与发展的视角》,《中国行政管理》2019 年第 10 期。

36. 刘西国、刘晓慧、赵莹:《老年照护对农村已婚女性非农就业的影响》,《南方人口》2019 年第 34 卷第 1 期。

37. 刘欣:《失能老人正式照料与非正式照料资源整合研究》,硕士学位论文,山西北大学,2014 年。

38. 刘燕:《制度化养老、家庭功能与代际反哺危机——以上海市为例》,上海世纪出版集团 2014 年版。

39. 刘一伟:《互补还是替代:"社会养老"与"家庭养老"——基于城乡差异的分析视角》,《公共管理学报》2016 年第 4 期。

40. 龙书芹、风笑天:《城市居民的养老意愿及其影响因素——对江苏四城市老年生活状况的调查分析》,《南京社会科学》2007 年第 1 期。

41. 楼妍、许虹:《居家养老服务与管理》,浙江大学出版社 2017 年版。

42. 陆杰华、张莉:《中国老年人的照料需求模式及其影响因素研究——基于中国老年社会追踪调查数据的验证》,《人口学刊》2018 年第 2 期。

43. 骆为祥、李建新:《老年人生活满意度年龄差异研究》,《人口研究》2011 年第 6 期。

44. 吕宝静:《老人照顾:老人、家庭、正式服务》,(台湾)五南图书出版公司 2001 年版。

45. 马慧慧:《Stata 统计分析与应用》,电子工业出版社 2016 年版。

46. 穆光宗:《家庭养老制度的传统与变革》,华龄出版社 2002 年版。

47. 齐明珠、徐征:《代际关系的影响因素及如何建立正向的代际关系》,《人口与经济》2003 年第 3 期。

48. 瞿小敏:《社会支持对老年人生活满意度的影响机制——基于躯体健康、心理健康的中介效应分析》,《人口学刊》2016 年第 2 期。

49. 任同:《孟子对孔子孝论的提升》,《光明日报》(学术版)2000 年 2 月 15 日。

50. 沈尤佳:《照料产业的理论经济学研究》,《理论导刊》2014 年第 7 期。

51. 石琤:《居家养老概念辨析、热点议题与研究趋势》,《社会保障研究》2018 年第 5 期。

52. 石智雷:《多子未必多福——生育决策、家庭养老与农村老年人生活质量》,《社会学研究》2015 年第 30 卷第 5 期。

53. 宋凤轩、丁越、尤扬:《基于 SERVQUAL 模型的城镇社区养老服务质量测评与提升对策》,《经济研究参考》2014 年第第 52 期。

54. 宋月萍:《精神赡养还是经济支持:外出务工子女养老行为对农村留守老人健康影响探析》,《人口与发展》2014 年第 20 卷第 4 期。

55. 唐丹:《城乡因素在老年人抑郁症状影响模型中的调节效应》,《人口研究》2010 年第 34 卷第 3 期。

56. 全利民:《社区照顾:西方国家老年福利服务的选择》,《华东理工大学学报》(社会科学版)2004年第19卷第4期。

57. 王莉莉、杨晓奇、董彭滔:《城市社区养老服务业发展现状分析》,《老龄科学研究》2014年第3期。

58. 汪润泉:《"社会养老"是否淡化了"子女责任"观念?——来自中国农村居民的经验证据》,《人口与经济》2016年第5期。

59. 王学义、张冲:《农村独生子女父母养老意愿的实证分析——基于四川省绵阳市、德阳市的调研数据》,《农村经济》2013年第3期。

60. 王跃生:《历史上家庭养老功能的维护研究——以法律和政策为中心》,《山东社会科学》2015年第5期。

61. 巫锡炜:《中国城镇家庭户收入和财产不平等:1995—2002》,《人口研究》2011年第6期。

62. 吴小英:《公共政策中的家庭定位》,《学术研究》2012年第9期。

63. 熊跃根:《我国城市居家老年人晚年生活满意程度研究——对一项调查结果的分析》,《人口与经济》1999年第4期。

64. 阎安:《论社区居家养老:中国城市养老模式的新选择》,《科学经济社会》2007年第2期。

65. 杨菊华、李路路:《代际互动与家庭凝聚力——东亚国家和地区比较研究》,《社会学研究》2009年第24卷第3期。

66. 杨菊华:《数据管理与模型分析:STATA软件应用》,中国人民大学出版社2012年版。

67. 姚远:《中国家庭养老研究》,中国人口出版社2001年版。

68. 曾宪新:《居住方式及其意愿对老年人生活满意度的影响研究》,《人口与经济》2011年第5期。

69. 曾毅、顾大男:《老年人生活质量研究的国际动态》,《中国人口科学》2002年第5期。

70. 张文范:《中国的养老之路》,中国劳动出版社1998年版。

71. 张文娟、纪竞垚:《中国老年人的养老规划研究》,《人口研究》2018年第2期。

72. 张文娟、王东京:《中国老年人口的健康状况及变化趋势》,《人口与经济》2018年第4期。

73. 张文娟、魏蒙：《城市老年人的机构养老意愿及影响因素研究——以北京市西城区为例》，《人口与经济》2014年第6期。

74. 张秀兰、徐月宾：《建构中国的发展型家庭政策》，《中国社会科学》2003年第6期。

75. 章晓懿、刘帮成：《社区居家养老服务质量模型研究——以上海市为例》，《中国人口科学》2011年第3期。

76. 赵丽宏：《城市居家养老生活照料体系研究》，《学术交流》2007年第10期。

77. 周云、封婷：《老年人晚年照料需求强度的实证研究》，《人口与经济》2015年第1期。

78. 朱海龙、欧阳盼：《中国人养老观念的转变与思考》，《湖南师范大学社会科学学报》2015年第1期。

79. Bonsang E., "Does Informal Care from Children to Their Elderly Parents Substitute for Formal Care in Europe?", *Journal of Health Economics,* Vol.28, No.1, 2009.

80. Bremer P., Challis D., Hallberg I. R., et al., "Informal and formal Care: Substitutes or Complements in Care for People with Dementia? Empirical Evidence for 8 European Countries", *Health Policy*, Vol.121, No.6, 2017,121(6).

81. Cantor, Marjorie and Virginia Little, *Aging and Social Care. Handbook of Aging and the Social Sciences*, New York: Van Nostrand Reinhold, 1985.

82. Caspi A., Elder G. H., "Life Satisfaction in Old Age: Linking Social Psychology and History", *Psychology &ageing,* Vol.1, No.1, 1986.

83. Chappell N., Blandford A., "Informal and Formal Care: Exploring the Complementarity", *Ageing & Society,* Vol.11, No.3, 1991.

84. Christianson J. B., "The Evaluation of the National Long Term Care Demonstration. The Effect of Channeling on Informal Caregiving", *Health Services Research,* Vol.23, No.1, 1988.

85. Getzel G. S., "Helping the Elderly: The Complementary Roles of Informal Networks and Formal Systems", *Contemporary Sociology,* Vol.15, No.5, 1986.

86. Hanaoka C., Norton E. C., "Informal and Formal Care for Elderly Persons: How Adult Children's Characteristics Affect the Use of Formal Care in Japan", *Social Science & Medicine*, Vol. 67, No.6, 2008.

87. Langa K. M, Chernew M. E., Kabeto M. U., et al., "The Explosion in Paid Home Health Care in the 1990s: Who Received the Additional Services?", *Medical Care,* Vol. 39, No.2, 2001.

88. Li Y., Chi I., "Correlates of Physician Visits Among Older Adults in China: the Effects of Family Support", *Journal of Aging & Health,* Vol.23, No.6, 2011.

89. Liu K., Manton K. G., Aragon C., "Changes in Home Care Use by Disabled Elderly Persons: 1982-1994", *Journals of Gerontology,* Vol.55, No.4, 2000.

90. Penning M. J., "Receipt of Assistance by Elderly People: Hierarchical Selection and Task Specificity", *Gerontologist*, Vol. 55, No.4, 1990.

91. Sasso A. T. L., Johnson R. W., "Does Informal Care from Adult Children Reduce Nursing Home Admissions for the Elderly?", *Inquiry A Journal of Medical Care Organization Provision & Financing,* Vol.39, No.3, 2002.

92. Song Y. , Dong X .Y., "Childcare Costs and Migrant and Local Mothers' Labor Force Participation in Urban China", *Feminist Economics,* 2018.

93. Stoller E. P., "Formal Services and Informal Helping: The Myth of Service Substitution", *Journal of Applied Gerontology the Official Journal of the Southern Gerontological Society,* Vol.8, No.1, 1989.

94. Travis Shirley S., *Families and Formal Networks*, Handbook of Aging. Westport Conn: Greenwood Press, 1995.

95. Truvey, C.L., Conwell, Y., Jones, M., "Riskfactorsforlate-lifesuicide: Aprospective, Community-basedstudy", *The American Journal of Geriatric Psychiatry*, Vol.4, 2002.

96. Van Houtven C.H., Norton E.C., "Informal Care and Health Care Use of Older Adults", *Journal of Health Economics,* Vol.23, 2004.

后 记

本书是作者近年来基于实证研究并对各地居家养老服务深入调研后的所思所想。之所以选择居家养老服务作为研究切入点，是因为大量调查研究发现了一个事实：老年群体多样化高品质的养老服务需求已经与传统家庭成员提供的养老服务不协调不均衡。无论是从供给侧还是需求侧层面，都需要社会化的服务来支持家庭、将养老服务切实送到老年人的周边、身边、床边，解决养老服务买不到、买不起、买不安的最后一公里问题。

事实上，无论在学界还是政府、社会领域，人们对居家养老服务越发关注。在学术研究领域，对于居家养老服务的缘起、内涵、居家养老服务与家庭养老、机构养老的关系等研究开始逐渐增多；在实践领域，政府、市场、社会等多元主体开始尝试探索符合自身资源禀赋和发展特点的居家养老服务方式。诚然，在实践过程中，或许面临着无地、无钱、无人等"三无"局面，但各地都在积极尝试解决问题，以保障居家养老服务的可持续。

作者尝试在书中破解一些迷思或误区。例如，是不是说有了居家养老服务就不需要家庭成员承担养老责任了？医养结合是否仅在机构层面得以实现？"互联网+"居家养老服务是否仅仅意味着建信息中心、戴手环、安装紧急呼救电话？等等一系列的问题都可以在书中找到些许答案。

或许有读者认为本书所涉内容庞杂，挂一漏万，需要说明的是，

后 记

我国居家养老服务仍在发展期,特别是近年来政策环境变化较快,本书尝试以"解剖麻雀"的方式,向读者展现真实社会中居家养老服务的现状与问题,一些观点仍值得进一步推敲。

时间不一定能成就一个伟人,但一定可以成就一个老人。谨以本书献给曾经或现今尚处于买不到、买不起、买不安居家养老服务的老人,与找不到、找不准、卖不出服务的政府、市场与社会主体!

纪竞垚

于北京国宏大厦 B 座 1303 室

2020 年 5 月 17 日